Neue Finanzierungsinstrumente
für Unternehmen

– Strategie, Anwendung und
Erfolgssicherung

SCHÄFFER
POESCHEL

Clemens Börsig / Herbert Gassert /
Manfred Prechtl (Hrsg.)

Neue Finanzierungs-instrumente für Unternehmen

Strategie, Anwendung und Erfolgssicherung

1996
Schäffer-Poeschel Verlag Stuttgart

Herausgeber:

Dr. rer.-pol. Clemens Börsig
Geschäftsführer (Stv.) Robert Bosch GmbH, Stuttgart

Dr. Ing. Herbert Gassert
Mitglied des Aufsichtsrats der Asea Brown Boveri AG, Mannheim

Dr. jur. Manfred Prechtl
Mitglied des Aufsichtsrats der Baden-Württembergischen Bank AG, Stuttgart

Redaktion:

Dipl.-Kfm. Andreas Brokemper
Mitarbeiter am Lehrstuhl Controlling der Universität Stuttgart

Die Deutsche Bibliothek – CIP-Einheitsaufnahme

Neue Finanzierungsinstrumente für Unternehmen : Strategie, Anwendung und Erfolgssicherung /
Clemens Börsig … (Hrsg.).
– Stuttgart : Schäffer-Poeschel, 1996
ISBN 3-7910-0989-3
NE: Börsig, Clemens [Hrsg.]

Gedruckt auf chlorfrei gebleichtem, säurefreiem und alterungsbeständigem Papier

ISBN 3-7910-0989-3

Einbandgestaltung: W. Löffelhardt
Druck: Franz Spiegel Buch GmbH, Ulm
Printed in Germany

Schäffer-Poeschel Verlag Stuttgart
Ein Tochterunternehmen der Verlagsgruppe Handelsblatt

Geleitwort

Um im harten internationalen Wettbewerb zu bestehen, ist unsere Wirtschaft mehr denn je darauf angewiesen, den Kostendruck zu reduzieren. Hierzu gehören Entlastungen bei den Arbeitskosten, vor allem bei den Lohnnebenkosten, und bei den unternehmensbezogenen Steuern - ein Gesichtspunkt, dem sich die Politik permanent widmen muß und hierin in mir als Finanzminister des Landes Baden-Württemberg einen Fürsprecher hat

Ein ebenfalls wichtiger Erfolgsfaktor zur Behauptung der Wettbewerbsfähigkeit unserer Wirtschaft besteht darin, die betrieblichen Abläufe zu optimieren, um so in den Unternehmen zu einem optimalen Ressourceneinsatz zu kommen. Dies erfordert Flexibilität und Aufgeschlossenheit für neue betriebswirtschaftliche Erkenntnisse. Um diese Potentiale mit Leben zu füllen, ist die Kooperation zwischen Wissenschaft und Praxis ein wichtiges, permanent zu bearbeitendes Feld.

Der *Förderkreis Betriebswirtschaft an der Universität Stuttgart e.V.* hat diese Potentiale frühzeitig erkannt. Bereits vor 15 Jahren fanden sich Praktiker und Wissenschaftler, getragen von der Idee eines intensiveren Austausches zwischen Praxis und Theorie, zur Veranstaltung von Vortragsreihen und Tagungen zusammen. Dabei war der Förderkreis Betriebswirtschaft immer wieder erfolgreich bestrebt, aktuelle Entwicklungen aufzugreifen und zum Gegenstand von erfahrungsreichen Veranstaltungen zu machen.

Daß dies auch in diesem Jahr wieder gelungen ist, zeigt das interessante und aktuelle Thema. Fragen der Unternehmensfinanzierung erfahren in der heutigen Zeit eine außerordentliche Renaissance. Durch die Turbulenzen auf den internationalen Geld- und Kapitalmärkten ist zahlreichen Unternehmen bewußt geworden, wie schnell Kosteneinsparungen durch rigorose Schlankheitskuren anhand von Wechselkursschwankungen und Zinsänderungen aufgezehrt werden können. Abhilfe kann der Einsatz von Finanzierungsinstrumenten schaffen, die zur Absicherung von Währungs-, Zins- und Beteiligungsrisiken eingesetzt werden können. Hierzu gehören übrigens auch die Finanzderivate, über deren Chancen und Risiken in der Finanzpolitik zur Zeit ausführlich diskutiert wird.

Unabhängig davon hat gerade die Entwicklung in den letzten Monaten gezeigt, wie wichtig die Zins- und Währungsentwicklung für die Unternehmen ist. Deren Stabilität zu gewähren betrachte ich als eine wichtige Aufgabe der nationalen, mehr und mehr aber auch der europäischen bzw. internationalen Geld- und Finanzpolitik, weil die Stabilität der Zins- und Währungsentwicklung die Risiken für die Unternehmen mindern und die Chancen für ihr Bestehen im internationalen Wettbewerb verbessern können. Welche Instrumente zur Absicherung von Währungs-, Zins- und Beteiligungsrisiken existieren und wie sie im Rahmen des Finanzmanagements eingesetzt werden können, wird uns im Rahmen dieser Tagung noch ausführlich beschäftigen.

Es wäre vermessen zu behaupten, daß durch die dargestellten Instrumente und Strategien ein kompletter Ausschluß von Finanzierungsrisiken möglich wäre. Vielmehr sind sie dazu geeignet, die bestehenden Risiken handhabbar und kalkulierbar zu machen.

Ich wünsche allen Teilnehmerinnen und Teilnehmern des 15. Stuttgarter Unternehmergesprächs interessante Diskussionen sowie gute Anregungen zum Finanzmanagement und dem *Förderkreis Betriebswirtschaft an der Universität Stuttgart e.V.* einen erfolgreichen Verlauf.

Stuttgart, im September 1995

Gerhard Mayer-Vorfelder
Finanzminister des Landes
Baden-Württemberg

Vorwort

In einer Zeit, in der die rigorosen Schlankheitskuren der vergangenen Jahre in den Unternehmen erste Früchte tragen, gefährden die Entwicklungen auf den globalen Finanzmärkten die Wettbewerbsfähigkeit der deutschen Unternehmen.

Die Schwäche des US-Dollars, Leitkursanpassungen im Rahmen des EWS, differenzierte Kursbewegungen an den Aktienmärkten, schwankende Zinsen an den internationalen Rentenmärkten und Unsicherheiten bezüglich der künftigen Geldpolitik haben daher ein wichtiges Thema auf die Agenda der Unternehmenspolitik zurückgerufen: *Die Finanzierung der Unternehmen.*

Not macht jedoch bekanntlich erfinderisch. So haben sich in den letzten Jahren zahlreiche Instrumente und Strategien zur Absicherung von Zins-, Währungs- und Beteiligungsrisiken herauskristallisiert. Die Klärung der Frage nach den bestehenden Finanzierungsstrategien und Ihrer erfolgreichen Umsetzung im Unternehmen bilden den Inhalt des 15. Stuttgarter Unternehmensgesprächs am 8. November 1995 mit dem Thema „Neue Finanzierungsinstrumente für Unternehmen". In acht Einzelbeiträgen schildern erfahrene Praktiker und Wissenschaftler konkrete Beispiele und praxiserprobte Vorschläge zum Management von Währungs-, Zins-, und Beteiligungsrisiken.

Nach einer grundlegenden Einführung in die Thematik wird der derzeitige „state of the art" von Finanzinnovationen und deren erfolgreicher Anwendung im Rahmen des Währungsmanagements dargestellt. Daran anschließend erfolgt die Behandlung von Einzelfragen zur Bewertung und Bilanzierung neuer Finanzierungsinstrumente, zum Management von Zinsrisiken sowie zur Fakturierung in Fremdwährung und zum Netting.

Abschließend werden zwei alternative Formen der Eigenkapitalbeschaffung für mittelständische Unternehmen diskutiert: Eigenkapitalbeschaffung über Kapitalbeteiligungsgesellschaften sowie die Eigenkapitalbeschaffung über die Börse.

Gedankt sei an dieser Stelle allen Autoren. Ein solcher Tagungsband, der den Teilnehmern der Tagung selbst vorliegt, wäre ohne eine hervorragende Kooperation der Autoren undenkbar gewesen.

Die redaktionelle Betreuung des Tagungsbandes übernahm von Seiten des betriebswirtschaftlichen Instituts der Universität Stuttgart *Herr Dipl.-Kfm. Andreas Brokemper*. Vom Schäffer-Poeschel Verlag wurde das Buchprojekt von *Frau Ass. jur. Marita Rollnik-Mollenhauer* tatkräftig unterstützt. Ihnen gebührt unser herzlicher Dank.

Stuttgart, im September 1995

Clemens Börsig
Herbert Gassert
Manfred Prechtl

Inhaltsverzeichnis

Einführung in die Thematik

- Neue Finanzierungsinstrumente für mittelständische Unternehmen -

Dr. Frank Heintzeler

Vorstandssprecher der Baden-Württembergischen Bank AG

1 Einleitung

1.1 Mittelstand als Rückgrat der heimischen Wirtschaft

Baden-Württemberg gilt weit über die Grenzen der Bundesrepublik hinaus als klassisches Land des Mittelstands. Nach der letzten Erhebung des Statistischen Landesamtes in Stuttgart sind 99,7% aller baden-württembergischen Unternehmen dem Mittelstand zuzurechnen. Sie bleiben also - nach der Klassifizierung des Instituts für Mittelstandsforschung und der Deutschen Bundesbank - unter einem Jahresumsatz von 100 Mio. DM. Diese Unternehmen erwirtschaften über die Hälfte der Bruttowertschöpfung, stellen zwei Drittel aller Arbeitsplätze zur Verfügung und tätigen mehr als 40% der Bruttoinvestitionen.

Diese rein statistische Definition des mittelständischen Segments ist allerdings zu eng. Auch der Werkzeugmaschinenhersteller mit einem Jahresumsatz von 150 oder 200 Mio. DM ist als Mittelständler einzustufen. Verhaltensbestimmte Strukturen und Umstände wie Familiengesellschafter, Inhabergeschäftsführung oder Besonderheiten in der Bilanzstruktur definieren das mittelständische Unternehmen genauer als allein die Unternehmensgröße.

Mit Ideenreichtum und unternehmerischer Dynamik leisten gerade diese mittelständischen Betriebe einen entscheidenden Beitrag zum technischen Fortschritt und zum Wirtschaftswachstum in unserem Land. Sie sind besonders innovationsfreudig und nutzen Marktchancen flexibel aus. Ein Grund dafür liegt darin, daß mittelständische Unternehmen personengeprägt sind. Die Geschäftsleitung liegt häufig beim Inhaber oder beim geschäftsführenden Gesellschafter selbst, die auch das unternehmerische Risiko tragen.

Diese Führungsstruktur bedingt allerdings auch, daß im Unternehmen Entscheidungen häufig vom mittätigen Inhaber alleine getroffen werden. Ihm fehlen dabei vielfach Instanzen und Stäbe, die Umweltveränderungen erfassen, bewerten und die notwendigen Maßnahmen erarbeiten können. Er ist damit auf sich selbst gestellt und die Unternehmensentwicklung ist von einer Person abhängig - aber das ist in Großunternehmen manchmal auch nicht anders.

1.2 Veränderte Rahmenbedingungen

Nun ist das unternehmerische Umfeld besonders seit den achtziger Jahren immer komplexer geworden. Dies gilt nicht nur für die großen Konzerne des Landes, sondern ebenso für die mittelständischen Unternehmen. Die jüngste Rezession hat uns allen noch einmal verdeutlicht, daß Strukturschwächen sowohl in ganzen Branchen als auch in einzelnen Betrieben wie auch Währungsverschiebungen von der internationalen Konkurrenz knallhart ausgenutzt werden.

Die wichtigsten Änderungen der Rahmenbedingungen für die Unternehmen sind heute:

- Kürzere Konjunktur- sowie Produkt- und Innovationszyklen mit extrem verkürzten Reaktionszeiten. Deshalb ist eine hohe Innovationsfähigkeit der Unternehmen Voraussetzung, um im Wettbewerb erfolgreich zu sein. Dies erfordert neben einer höheren Kreativität in den Unternehmen auch einen effizienten Einsatz der Ressourcen für Forschung, Entwicklung und Marketing. Hier hat der Mittelständler durch das Fehlen von Instanzen und Stäben einen Vorteil.

- Die Globalisierung der Märkte und damit die Verschärfung des Wettbewerbs nimmt weiter zu. Das klassische Exportgeschäft wird weitgehend durch selektive Länderstrategien mit differenzierten Vorgehensweisen in den einzelnen Marktregionen zu ersetzen sein. Auf einigen Märkten ist die Präsenz vor Ort und teilweise auch die Produktion in diesem Raum notwendig, um diese Märkte zu erschließen. Dies ist von mittelständischen Unternehmen wegen ihrer beschränkten Ressourcen nur sehr selektiv zu bewältigen.

- Neue Organisationsformen (lean management) haben in Großunternehmen zu dezentralen, kleineren und selbständigen Einheiten geführt. So falsch kann das mittelständische Konzept also doch nicht sein. Als Kehrseite dieser Entwicklung ergibt sich, daß mit der Straffung der Unternehmenshierarchie in großen Betrieben der bislang bestehende Wettbewerbsvorteil der mittelständischen Unternehmen mit hoher Flexibilität und schnellen direkten Entscheidungswegen geringer wird.

- Wie sieht es nun im konkreten Einzelfall aus: Die Restrukturierung wichtiger Branchen (z.B. Automobilindustrie) mit der Reduzierung der Fertigungstiefe verändert auch die mittelständisch geprägte Zulieferlandschaft. Gefragt sind Systemlieferanten, die Module und ganze Baugruppen liefern und evtl. sogar noch am Band montieren. Das erfordert völlig neue Dimensionen in Entwicklung und Logistik. Schon vorher hat die Just-in-Time-Logistik die Lagerhaltung von den Großunternehmen auf die Lieferantenebene verlagert und damit die Kapitalbindung in diesen Unternehmen erhöht.

- Schließlich ist der Mittelständler bei dieser Konstellation stärker als Großunternehmen an seinen ererbten Standort oder die gegebene Geschäftsbeziehung zu einem großen Kunden gebunden. Angesichts der bekannten Standortbedingungen in Deutschland und der verschärften Konkurrenzsituation ist es von zentraler Bedeutung, im nationalen und internationalen Kosten- und Produktivitätswettbewerb zu bestehen. Dies verlangt die Bereitstellung zusätzlicher Investitionsmittel, um durch kapital- und technologieintensivere Produktionsverfahren im Preis-/Leistungswettbewerb mithalten zu können - alternativ die Verlagerung weniger komplexer Herstellungsverfahren ins kostengünstigere Ausland.

Zeitgleich mit der Verschärfung der Wettbewerbssituation auf den Gütermärkten vollzog sich eine tiefgreifende Veränderung auf den internationalen Finanzmärkten. Aufgrund der gestiegenen Interdependenzen zwischen den Finanzmärkten kommt es zu volatileren Kursbewegungen. Damit erhöht sich die Unsicherheit über zukünftige Zins- und Wechselkursentwicklungen. Das Bestreben vieler institutioneller Investoren und Unternehmen, diesen Risiken auszuweichen, ihre Portefeuilles stärker nach Ländern zu differenzieren, die Deregulierungen auf wichtigen nationalen Märkten, die Verbriefung von Forderungen (Securitization) und der technologische Fortschritt haben die Globalisierung der Geld- und Kapitalmärkte vorangetrieben und eine nahezu unüberschaubare Anzahl neuer Finanzierungsinstrumente geboren. Diese Finanzinnovationen haben herkömmliche Instrumente der Unternehmensfinanzierung wie Bankkredite, Schuldscheindarlehen, Leasing und Factoring ergänzt. Aber sie wurden primär für die Bedürfnisse der Großen entwickelt und setzen schon von der Kostenseite her eine Größenordnung voraus, die für den Mittelstand nicht gegeben ist.

Natürlich wäre es schön, wenn auch der Mittelstand diese neuen Finanzierungsquellen und -methoden nutzen könnte. Allerdings hat die Vergangenheit gezeigt, daß diese Unternehmen - im Gegensatz zu Großunternehmen, die als Corporate Banks an den internationalen Finanzmärkten agieren - weder nach dem Kriterium der Emissionsfähigkeit, noch aufgrund ihres fehlenden Ratings in der Lage sind, direkt auf den Geld- und Kapitalmarkt zuzugreifen. Commercial-Paper-Programme oder Euro-Note-Fazilitäten von mittelständischen Unternehmen sind - von wenigen Ausnahmen abgesehen - über theoretische Ansätze nicht hinausgekommen.

Von der gesamten Palette an Finanzinnovationen steht den mittelständischen Betrieben daher nur eine begrenzte Auswahl zur Verfügung. Von wachsender Bedeutung sind Instrumente im Bereich des Risikomanagements insbesondere zur Absicherung von Zins- und Währungsrisiken. Wichtig für die Kreditwirtschaft ist daher zu erkennen, welche Finanzierungsprobleme im mittelständischen Unternehmen auftauchen und welche Lösungsvorschläge sie anbieten kann. Neue Wege können in diesem Zusammenhang möglicherweise auch der optimale, zielgerichtete Einsatz des verhandenen, traditionellen Instrumentariums zur Finanzierung des Unternehmens bedeuten.

1.3 Wachsende Bedeutung einer ausgewogenen Finanzstruktur

Um die Kosten in den Griff zu bekommen und um dadurch eine Ergebnisverbesserung zu erreichen, müssen die Leistungsstrukturen im Unternehmen "stimmen" und die korrespondierenden Finanzstrukturen "passen". Es ist zu prüfen, wieviel Kapital die Leistungseinheiten binden und in welcher Höhe sie zur Ausschöpfung der Marktmöglichkeiten beitragen könnten oder beitragen müßten, um sich am Markt zu behaupten.

Diese strategischen Aspekte werden viel zu selten von einem vollständigen Finanzplan flankiert. Wohl wird der Finanzbedarf für Investitionen und Vermarktung ermittelt. Es gibt aber oft keine Planung, die alle Auswirkungen der Strategie auf die Vermögens- und Finanzsituation im Zeitverlauf zuverlässig erfaßt. Es ist aber wichtig, daß die Wahrnehmung erfolgversprechender Absatzchancen zur nachhaltigen Ertragsverbesserung nicht durch finanzielle Grenzen prädeterminiert wird. Das Finanzmanagement, das aktiv an den strategischen Überlegungen im Unternehmen teilnimmt, kann dazu beitragen, neue ertragsverbessernde Handlungsspielräume aufzuschließen.

2 Das Eigenkapital muß stimmen

2.1 Eigenkapitalquote rückläufig

Das Scharnier für eine ausgewogene Finanzstruktur ist eine gute Dotierung des Eigenkapitals. Nun liegt die Eigenkapitalquote (1989) der Kleinunternehmen bei nur 17,5% und die der mittelgroßen Unternehmen bei 17,7%, während die Eigenmittel der Großunternehmen 27,2% der Bilanzsumme erreichen. Noch bedenklicher als die niedrige Quote ist allerdings der rückläufige Trend. Sowohl bei den Klein- als auch bei den mittelgroßen Unternehmen ist die Eigenkapitalquote seit 1978 um über 4% bzw. 3% zurückgegangen, ein Indiz dafür, daß die Eigenfinanzierung mit der Umsatz- und Bilanzausweitung nicht Schritt halten konnte. Im gleichen Zeitraum konnten die großen Unternehmen des Landes dagegen ihre Eigenkapitalquote von 25,9% auf die erwähnten 27,2% ausweiten. Die Zahlen verdeutlichen, daß es kleineren Unternehmen offensichtlich immer schwerer fällt, ausreichende Eigenmittel zu erarbeiten oder von außen zu gewinnen.

Die Gründe hierfür sind ausreichend analysiert worden. Ein Grund liegt jedoch auch in der spezifischen Stuktur des deutschen Aktienmarkts. Im Gegensatz zu den angelsächsischen Ländern spielt die Aktie bei den deutschen Anlegern nur eine sehr untergeordnete Rolle bei ihrer Vermögensanlage. Zudem sind die Voraussetzungen, die in Deutschland mit einer Börsenzulassung verknüpft werden, nach wie vor sehr umfangreich. Es ist deshalb nicht verwunderlich, daß im internationalen Vergleich nur wenig deutsche Unternehmen börsennotiert sind. Es fehlt also ein breiter Eigenkapitalmarkt insbesondere für mittlere Unternehmen, und ohne Eigenkapitalmarkt bildet sich auch kein funktionierender Fremdkapitalmarkt.

Eine geringe Eigenkapital-Ausstattung markiert eine erhöhte Anfälligkeit der Unternehmen in Krisenzeiten: bei Absatzrückgang und bei Zinssteigerungen, die die Fremdmittel verteuern, bleibt kein hinreichender Spielraum, um temporäre Verluste aufzufangen und zu verteilen. Dies hat unsere mittelständische Wirtschaft in der vergangenen Rezession kräftig zu spüren bekommen. In welcher Geschwindigkeit sich selbst eine 60%ige Eigenkapitalquote in den letzten beiden Jahren halbiert hat, war selbst für erfahrene Regionalbanker erstaunlich.

Eigenkapital bildet die institutionelle Schwelle für die Beanspruchung von Fremdkapital. Unzureichendes Eigenkapital führt zu einem begrenzten Fremdfinanzierungsspielraum, der das Unternehmenswachstum zusätzlich bremst.

Typisch für den Faktor Eigenkapital ist die Beteiligung am Erfolg der Geschäfte mit dem Risiko des Verlustes von Erträgen - und der Einlage. Darüberhinaus beinhaltet er die Mitwirkung an den unternehmerischen Entscheidungen. Er ist die Haftungsbasis für unternehmerisches Handeln.

2.2 Begrenzte Möglichkeiten zur Eigenkapitalbildung

Mittelständische Unternehmen können für ihre Finanzierungsbedürfnisse in der Regel nur in begrenztem Umfang risikotragende eigene Mittel bilden. Während es für Großunternehmen eingefahrene Wege zur Schaffung von Eigenkapital gibt, von Aktienemissionen über Options- und Wandelanleihen bis hin zu Genußscheinen, ist mittelständischen Firmen - wie erwähnt - der direkte Zugang zu den organisierten Kapitalmärkten meist verschlossen. Zusätzliches Eigenkapital über die Börse kann ohne Börsenzulassung nicht mobilisiert werden. Im übrigen sind bei mittelständischen Unternehmen in der Rechtsform der Einzelfirma und Personengesellschaft die rechtlichen Möglichkeiten zur Eigenkapitalbeschaffung eingeschränkt. Aber auch eine nichtbörsennotierte Kapitalgesellschaft bietet in punkto Eigenmittelbildung gegenüber diesen Rechtsformen faktisch keinen Vorteil.

Dieser Unternehmer steht bei der Frage, wie frisches Eigenkapital für das Unternehmen gewonnen werden kann, jedesmal vor einer existenziellen Entscheidung. Können oder sollen die Eigenmittel über das Familienvermögen erhöht werden, holt man sich einen stillen oder tätigen Partner ins Boot? Gibt man einer Beteiligungsgesellschaft den Vorzug oder wagt man den Schritt an die Börse?

Jede dieser Alternativen hat ihre eigenen, dann unausweichlichen Konsequenzen für die Unternehmensentwicklung. Hinter den gesamten Überlegungen stehen zahlreiche Fragen, die der Unternehmer vorab klären muß. Klare Zielvorstellungen müssen formuliert werden, damit anschließend entschieden werden kann, welche Gruppe von potentiellen Investoren kontaktiert und welches Finanzierungsinstrument eingesetzt werden sollte. Sofern z.B. das Ziel, dem neuen

Investor keine wesentlichen Mitspracherechte einzuräumen, einen hohen Stellenwert einnimmt, werden industrielle Investoren als potentielle Anleger ausscheiden. Unter den verbleibenden Finanzinvestoren können sowohl private als auch institutionelle Anleger (Kapitalbeteiligungsgesellschaften etc.) angesprochen werden.

Das Beteiligungsangebot sollte bereits alle wesentlichen Eckdaten (Finanzierungsvolumen, Befristung oder Kündigungsmöglichkeiten, Art und Ausgestaltung der Gewinnbeteiligung, Umfang der Mitspracherechte) enthalten. Von besonderer Bedeutung ist für den Unternehmer, daß der Investor tatsächlich die nötigen Mittel zur Verfügung stellt, um zumindest das anstehende Problem nachhaltig zu lösen oder den Betrieb in neue Dimensionen zu führen. Aber auch die vertragliche Ausgestaltung des Zeitfensters der Beteiligung muß mit großer Sorgfalt bedacht werden. Bei einer strikten Begrenzung der Beteiligungsdauer wird die Lösung des Problems um den Preis einer Verschärfung oftmals nur aufgeschoben.

2.3 Going Public als Königsweg?

Die Börsennotierung eines Unternehmens wird häufig als Königsweg bezeichnet. Sie erschließt einem wachsenden Unternehmen nahezu unbeschränkte Refinanzierungsmöglichkeiten. Sie erlaubt die Steuerung des Einflusses von außen, das problemlose Ausscheiden von Gesellschaftern und die leichtere Rekrutierung von qualifiziertem Management. Sie ermöglicht die sukzessive Lösung unterschiedlicher Interessen der Inhaberfamilie oder der Familienstämme. Last not least, nicht alle Entscheidungen sind irreversibel: ist der Familiennachfolger gegenwärtig noch zu jung, so kann zwischenzeitig ein familienfremder Vorstand bestellt und über den Aufsichtsrat dem Junior der Einstieg in der Zukunft gesichert werden. Aber man muß sich prüfen, ob man beim Going Public wirklich zu einer Öffnung des Unternehmens bereit ist, zur Öffentlichkeit der Ertragslage? Wichtig ist bei dieser Alternative, daß der Emissionsführer dem Unternehmen auch über den Emissionszeitpunkt hinaus beratend zur Seite steht und den Zweitmarkt vorbereitet und betreut.

Der Kapitalmarkt folgt eigenen Regeln und seine Teilnehmer müssen so behandelt werden, wie sie es erwarten. Die Analysten müssen mit Informationen versorgt werden, die sie legitim wünschen. Die Journalisten möchten regelmäßig Nachrichten aus dem Unternehmen hören, die Investoren wollen schließlich stetige Erträge sehen und die Börse benötigt für einen liquiden Handel genügend Material.

Wenn man dieses sicherzustellen bereit ist, kann man getrost die Meinung verneinen, daß die Börseneinführung der sicherste Weg zur Lösung der Familieninhaber aus dem Unternehmen ist. Sie führt das Unternehmen selbst zu neuen Ufern und ermöglicht den Familienteilhabern über einen langen Zeitraum die wirtschaftliche Führung des Unternehmens. Gibt es bei aller Skepsis, mit der vor allem Familienunternehmen dem Going Public gegenüberstehen, eine bessere Möglichkeit, den Einfluß der neuen Eigentümer gering zu halten, als die Begebung von Vorzugsaktien? Nach Prüfung der vorhandenen Alternativen zum Börsengang erkennt man dann auch die Chancen, die sich damit dem Unternehmen eröffnen.

Die technischen Gestaltungsmöglichkeiten durch Stamm- und Vorzugsaktien für eine Aktienemission sind gegeben und werden auch vom Markt akzeptiert, aber: ist die angestrebte breite Streuung - um wirkliche Einflußnahme zu verhindern - heute noch möglich, wo die internationalen Aktienmärkte von institutionellen Investoren dominiert werden? Verspricht die internationale Plazierung immer eine stärkere Streuung? Dabei ist zu berücksichtigen, daß für den ausländischen Investor andere Kriterien wie die Marktperformance, das Länderrisiko und die Landeswährung meist einen höheren Stellenwert bei der Beurteilung der Anlageentscheidung haben als das Unternehmen selbst.

Bei der Preisfindung für das Eigenkapital beim „Going Public" ist gegenwärtig auch in Deutschland mehr die Bewertung durch den „Markt" gegenüber der Bewertung durch die das Emissionskonsortium führende Bank in den Vordergrund gerückt. Beim sogenannten Bookbuilding werden die institutionellen Investoren direkt in die Preisfindung eingebunden. Ihre Zeichnungswünsche und Preisvorstellungen werden zentral beim Konsortialführer erfasst. Die dadurch gewonnenen Erkenntnisse fließen zeitnah in die Preisfeststellung ein. Im wesentlichen wird aber auch dieser - noch nicht existente - Markt durch die Informationen des Emissionsführers und des Unternehmens geformt und im „Bookbuilding" abgebildet. Ob diese Lösung tatsächlich ein Schritt auf dem Weg zur fairen Bewertung von Börsenkandidaten ist, wird die Zukunft zeigen. So kann zwar auf diesem Wege ein fine-tuning des Emissionspreises in der aufgemachten Range erfolgreich durchgeführt werden, die langfristige Perspektive eines Investments kann aber auch durch das Bookbuilding nicht exakter abgebildet werden. Der Vorteil des Bookbuilding liegt eindeutig in der Transparenz des Verfahrens. Ein ausgewogener, vom Markt akzeptierter Preis kann mit hoher Annäherung festgestellt werden. Generell ist das Bookbuilding bei großen internationalen Emissionen vorzuziehen, während bei kleineren Emissionen, die sich insbesondere an Privatinvestoren wenden wollen, das Festpreisverfahren nach wie vor besser ist.

2.4 Mergers & Acquisitions

Konzentrationstendenzen im Markt sowie die Notwendigkeit der Verbesserung der Rentabilitäts- und Liquiditätskennziffern veranlassen immer mehr Unternehmen, neben den notwendigen Restrukturierungsmaßnahmen auch Gespräche über die Abgabe von Gesellschaftsanteilen zur Stärkung der Eigenkapitalbasis aufzunehmen. Bei M&A-Transaktionen ist eine qualifizierte Beratungsleistung vor und während des gesamten Transaktionsprozesses die Grundlage für den erfolgreichen Abschluß der Gespräche. Der gewählte Partner, der immer zur Vertrauensperson wird, muß neben dem allgemeinen M&A Know-How über detaillierte Kenntnisse der betreffenden Branche oder des Industriesektors verfügen und in der Lage sein vor Beginn der Transaktion gemeinsam mit dem Eigentümer das Ziel zu fixieren, das er wirklich wünscht. Dazu ist es auch erforderlich, ihn darauf hinzuweisen, was am Markt realisierbar ist. Damit läßt sich der Kreis der potentiellen Erwerber auf die wirklich interessierten Parteien begrenzen. Für mittelständische Unternehmen bedeutet dies, der Berater muß nicht nur seine Branche kennen, sondern auch den speziellen Bedürfnissen eines Mittelständlers Rechnung tragen. Für ihn muß ein längerfristiges Interesse des Corporate Finance-Beraters am Unternehmen erkennbar sein, das sicherstellt, daß die Problemlösung für das Unternehmen und nicht die aus der Transaktion erzielbare Provision für den Berater im Vordergrund steht.

Für alle Beteiligungstransaktionen - von der stillen Beteiligung bis zur Beteiligungsgesellschaft - ist die richtige Unternehmensbewertung von zentraler Bedeutung. Es gilt, das Ertragspotential des Objektes darzustellen und einen „fairen“ Einigungspreis zwischen den Beteiligten zu erreichen.

2.5 Rahmenbedingungen verbessern!

Ohne Anlegerschutz gibt es keinen breiten Markt, aber ohne Risikoübernahme keine wirtschaftliche Entwicklung. Wie stellen sich nun Gesetzgeber, Öffentlichkeit und Investoren dem alten Konflikt zwischen Anlegerschutz und Bereitstellen von Risikokapital? Ohne Zweifel besteht in Deutschland die Notwendigkeit, den Emissionsmarkt zu pflegen und vor allem weiter auszubauen. Gerade unter volkswirtschaftlichen Gesichtspunkten ist eine stärkere Belebung des Kapitalmarktes nur zu begrüßen. Doch allein die Dringlichkeit des Kapitalbedarfs und die beachtliche Anzahl potentiell emissionsfähiger Unternehmen (mittelfristig 1500 - 2000) sichern dem Going Public noch keine glänzende Zukunft. Gefordert ist vielmehr ein Umdenken aller Marktteilnehmer.

Die Anleger müssen sich darüber im klaren sein, daß sie mit einer jungen Aktie immer auch ein „Risikopapier“ erwerben und ihr Kursziel mit einem gewissen Unsicherheitsfaktor behaftet bleibt. Der Anlegerschutz ist zwar nach wie vor ein hohes Gut, er darf aber nicht soweit gehen, daß bei Neuemissionen eine Kursgarantie erwartet wird. Die Forderung an die Konsortialbanken lautet mehr denn je, eine strenge Auslese nach risikoanalytischen Kriterien zu treffen und den richtigen Zeitpunkt für den Börsengang zu bestimmen.

Auch der Gesetzgeber kann seinen Teil dazu beitragen, damit die Zahl der deutschen Aktiengesellschaften wächst, und die Aktie als Anlageinstrument an Attraktivität gewinnt. Die Deregulierung des Aktienrechts, die ja bereits mit dem Gesetz für kleine Aktiengesellschaften - wenn auch nur für vergleichsweise enge Bereiche - in Angriff genommen wurde, muß weiter vorangetrieben werden. Es sollte ein klar definierter Markt für Risikokapital geschaffen werden. Der Freiverkehr muß weiter entwickelt werden. Es gibt in unserem Land genügend risikobereite Anleger, die in diesem Marktsegment investieren werden.

2.6 Abgabe von Assets zur Verbesserung der Eigenkapitalquote

Die Verbesserung der Eigenkapitalquote ist natürlich auch über die Abgaben von Assets möglich. Factoring und Leasing sind in diesem Zusammenhang altbewährte Instrumente. Seit geraumer Zeit erfreut sich im Leasing-Bereich ein relativ junges Produkt - das Fonds-Leasing - steigender Akzeptanz. Bei diesen Fonds-Konstruktionen werden aufgrund des niedrig verzinsten Beteiligungsbetrags die Eigenkapital- unter die Fremdkapitalkosten gesenkt und so die gesamten Investitionsaufwendungen reduziert. Der Leasingnehmer partizipiert hieran über günstig kalkulierte Leasingzahlungen. Das Steuerpotential der Großmobilie oder Immobilie, das der potentielle Eigeninvestor nicht nutzt oder nicht nutzen kann, führt über die Fonds-Konzeption zu einer Optimierung der Leasing-Finanzierung.

Ein neue Form im Bereich der Verbriefung von Forderungen sind Asset Backed Securities. Sie sind als Finanzierungsinstrument in ihrer Grundstruktur mit den am deutschen Markt bekannteren Pfandbriefen verwandt. Bei ABS-Emissionen werden möglichst gleichartige Finanzaktiva eines Unternehmens in einem Pool verselbständigt und einer Einzweckgesellschaft übertragen. Diese Gesellschaft verbrieft dann ihrerseits Zahlungsansprüche gegen den gebildeten Pool und verkauft die dadurch entstandenen Wertpapiere über ein Plazierungskonsortium an einen Investorenkreis.

Im Vergleich zum Factoring sind ABS die weitaus günstigere Finanzierungsform, allerdings ist eine Finanzierung über Bankkredite unter reinen Kostenüberlegungen oft billiger. Eine wichtige Zielsetzung der ABS bleibt die Erschließung neuer Finanzierungsquellen und damit die Erhöhung des Finanzierungsspielraums sowie die Verbesserung finanzwirtschaftlicher Kennziffern des Unternehmens. Auf diese Weise kann auch eine erhöhte Kreditwürdigkeit erreicht werden.

Die aus den USA stammenden ABS spielen in Deutschland bislang allerdings bei der Unternehmensfinanzierung eine unbedeutende Rolle. Dennoch können die Vorteile dieses Instruments zu einer steigenden Nutzung der ABS führen. Auch in den Staaten war eine Top-Down-Entwicklung feststellbar. Nachdem große Adressen sich dieser Finanzierungsform bedienten, wurde sie dann mehr und mehr von kleineren Unternehmen eingesetzt. Gerade der nicht börsennotierte Mittelständler sollte jedoch prüfen, inwieweit sich für ihn eine Kennzahlenverbesserung rechnet, oder ob er das gleiche Ziel nicht auch durch intensivere Bankengespräche erreichen kann.

2.7 Finanzreserven freisetzen, die Ertragskraft stärken

Wie kann der mittelständische Unternehmer aus dem Unternehmen heraus seine Eigenkapitalbasis stärken?

Ein denkbarer Weg ist das Instrument der Pensionsrückstellungen. Wohl entstehen dabei wegen der Unverfallbarkeit von Betriebsrenten auch neue Finanzierungsrisiken. Wirtschaftlich und juristisch gesehen sind Pensionsrückstellungen zudem keine Eigenmittel. Der Vorteil dieses Finanzierungsinstruments ist jedoch, daß diese langfristigen Fremdmittel auf der Aktivseite der Bilanz keine Belastung der Vermögenswerte mit sich bringen.

Bei aller Kritik, die in jüngster Zeit gegen Pensionsrückstellungen vorgebracht wird, muß jeder Mittelständler für sich prüfen, ob dieses Instrument bei der Finanzierung seines Unternehmens sinnvoll eingesetzt werden kann.

3 Zins- und Währungsmanagement mit derivativen Instrumenten

3.1 Kenne ich alle risikorelevanten Positionen?

Eine Vielzahl der in den achtziger Jahren entstandenen Finanzinnovationen sind - wie eingangs erwähnt - heute als Derivate für die mittelständischen Unternehmen im Rahmen ihres Finanzmanagements zur Absicherung von Zins- und Währungsrisiken einsetzbar. Voraussetzung für ein effizientes Finanzmanagement ist die Identifikation risikorelevanter Positionen bei der Fremdfinanzierung des Unternehmens.

Dabei bestehen zwei wesentliche Risiken. Zum einen das Liquiditätsrisiko - steht das benötigte Fremdkapital in ausreichender Fristigkeit zur Verfügung - und zum anderen das Zinsrisiko.

Im Spannungsfeld der Steuerung dieser Risiken steht das Ziel der Kostenminimierung (Finanzierung) und die Sicherung der Kalkulationsbasis für das Unternehmen, aber auch die Ertragsmaximierung (Anlage liquider Mittel).

Als Instrumente zur Risikoidentifikation stehen die Liquiditätsbindungsbilanz und die Zinsbindungsbilanz zur Verfügung. Während bei der Liquiditätsbindungsbilanz die Fälligkeit bzw. Zunahme bilanzieller Aktiva und Passiva im Zeitablauf abgebildet werden, befaßt sich die Zinsbindungsbilanz mit der Zinsfestschreibung bilanzieller Aktiva und Passiva im Zeitablauf, einschließlich projektierter Positionen.

Mögliche (auch zukünftig drohende) Liquiditätslücken können so frühzeitig erkannt und gedeckt werden. Mit Hilfe der Zinsbindungsbilanz wiederum können in der Fristigkeit davon abweichende Zinsrisiken abgebildet werden. Sie ist auch Voraussetzung für ein wirksames Netting gegenläufiger Risikopositionen.

Die Begrenzung dieser Zinsrisiken und, als weiteres Ziel, die Optimierung der Finanzierungskosten bzw. des Anlageertrags, sind ein Gebiet, auf dem derivative Instrumente gerade auch für den mittelständischen Unternehmer einen wertvollen Beitrag leisten können.

Derivative Zinsinstrumente sind allesamt von den klassischen Finanzierungsinstrumenten abgeleitet. Sie umfassen jedoch ausschließich zinsrelevante Aspekte. Sie eignen sich nicht zur Liquiditätssteuerung, der separat Beachtung geschenkt werden muß.

3.2 Terminbörse und OTC-Produkte

Derivative Produkte werden entweder in standardisierter Form an Terminbörsen (z.B. Deutsche Terminbörse oder LIFFE) oder als sogenannte "over the counter"-Geschäfte als Direktgeschäft im Interbankenmarkt gehandelt. Letztere Ausprägung eignet sich insbesondere auch zur Zinssicherung im Unternehmen, da maßgeschneiderte Lösungen (z.B. bezüglich Betrag, Laufzeit) eine exakte und für den Endanwender vor allem auch einfache Anpassung an den Sicherungsbedarf zulassen.

3.3 Ausprägungen und Anwendungsmöglichkeiten

Generell können derivative Produkte in zwei Kategorien unterschieden werden. Zum einen gibt es Kassa- und Terminprodukte wie Zinsswaps und Forward Rate Agreements (FRAs). Diese haben ein symmetrisches Profil, d.h. bei isolierter Betrachtung sind Chance und Risiko aus einem Geschäft gleich auf die Kontrahenten verteilt. Als Sicherungsinstrument eingesetzt, eignen sich Swaps und FRAs in idealer Weise zur Festschreibung bisher variabler und somit unsicherer Finanzierungskosten oder Anlageerträge. Ein besonders interessantes Anwendungsgebiet liegt in der Sicherung der Kalkulationsbasis eines erst in der Zukunft auftretenden Finanzierungs- bzw. Anlagebedarfs.

Darauf aufbauend gibt es eine Reihe von Instrumenten mit optionalem Charakter. Bei ihnen liegt ein asymmetrisches Profil vor, d.h. für den Optionskäufer besteht über die Zahlung einer Prämie hinaus keine Verpflichtung, der Verkäufer hingegen muß - theoretisch - unbegrenzt leisten. Als am weitesten verbreitete Produkte sind Zinscaps und -floors sowie Swaptions zu erwähnen. Der Anwender kann damit Zinsrisiken begrenzen, ohne auf Zinschancen verzichten zu müssen. Neben bereits bestehenden oder auch erst zukünftig entstehenden Aktiva und Passiva eignen sie sich zur Zinssicherung noch unsicherer zukünftiger Bilanzpositionen. Es ist also möglich z.B. Investitionen noch während des Planungs- und Entscheidungsprozesses zu relativ geringen Kosten zinszusichern. Wird von der Realisierung der Investition abgesehen, kann das Zinssicherungsinstrument wieder verkauft werden.

3.4 Risiken

Beim Zinsrisikomanagement mit Derivaten ergeben sich aber auch Risikoaspekte, die beachtet werden müssen.

Es besteht zwar ein wirtschaftlicher, aber kein rechtlicher Zusammenhang zwischen Kredit bzw. Anlage und dem Sicherungsinstrument. Da nicht in das "underlying" eingegriffen wird, kann die Sicherungswirkung nur durch Ausgleichszahlungen erzielt werden. Wird z.B. ein Cap gekauft, wird nicht der Kreditzins nach oben begrenzt, sondern eine Zahlung geleistet, die die gestiegenen Kosten ausgleicht. Als Index für diese Zahlung wird ein Referenzzinssatz, z.B. der FIBOR herangezogen. Entwickelt sich der individuelle Zins des "underlying" nicht parallel mit dem Referenzzins, entsteht ein Basisrisiko.

Zinsinstrumente werden in beträchtlichen Volumina gehandelt, so daß unter normalen Marktbedingungen zu jeder Zeit eine Zinssicherung problemlos rückgängig gemacht werden kann. Bei extremen Marktsituationen kann es aber vorkommen, daß dies mit verhältnismäßig hohen Kosten verbunden ist. Jedes Zinsinstrument unterliegt also für sich selbst einem Liquiditätsrisiko. Eine bereits abgeschlossene Zinssicherung ist davon aber nicht betroffen.

3.5 Innovative Währungsabsicherungsgeschäfte

Derivative Instrumente bieten auch eine Vielzahl von Absicherungsalternativen im Währungsmanagement. Es handelt sich hierbei um Currency Futures, Devisenoptionen in allen Variationen und Currency Swaps.

Diese Instrumente ermöglichen es, eine auf die jeweilige Situation angepaßte Kurssicherungsstrategie zu kreieren. Dem Anwender stellen sich für die Auswahl der Produkte die Kriterien

- der unterschiedlichen Sicherungskosten,
- der Erstellung möglicher Kursentwicklungsszenarien und der Kalkulation der daraus resultierenden Auswirkungen auf die jeweilige Sicherungsart,
- der Einschätzung der Kursentwicklung
- sowie der Abwägung der Risikobereitschaft zum aktiven Devisenmanagement.

Doch nun zu den einzelnen Produkten:

Currency Futures sind börsengehandelte standardisierte Kontrakte an den großen Börsen wie der Chicago-Mercantile-Exchange. Abgewickelt wird der Handel über das jeweilige Clearinghaus, das die Vertragserfüllung garantiert.

Currency Futures sind praktisch gleichzusetzen mit den klassischen Devisentermingeschäften, welche die Geschäftsbanken im Gegensatz zu den großen Börsen mit beliebiger Betragsgröße, freier Fälligkeitswahl und im Prinzip 24 Stunden pro Arbeitstag anbieten.

Der Currency Swap, bei dem Verbindlichkeiten und Zinsdienste unterschiedlicher Währungen getauscht werden, ermöglicht Kurssicherungen in großen Beträgen und längeren Laufzeiten als beim traditionellen Termingeschäft (Hierbei ist der Umtauschkurs am Ende der Laufzeit identisch mit dem Kurs zu Beginn des Swaps). Entfallen Zinszahlungen während der Laufzeit, muß der Wechselkurs zum Swapende die kumulierte Zinsdifferenz zwischen den beiden Währungen widerspiegeln.

3.6 Organisatorische Empfehlungen

Immer wieder sind in der nahen Vergangenheit spektakuläre Verluste durch Derivate bei Industrieunternehmen (Procter & Gamble, Gibson Greetings) und Versicherungen bekanntgeworden, nicht zu reden vom Barings-Debakel. Diese Verluste sind nicht durch mangelhafte Funktionsweise einzelner Instrumente oder des gesamten Marktes entstanden, sondern durch mangelnde Kenntnis und insbesondere auch durch immense Volumina mit spekulativer Motivation. Derivate kreieren keine neuen Risiken, sie verteilen sie lediglich zwischen den Marktteilnehmern um. Nur der falsche oder sorglose Umgang damit kann zu nicht abschätzbaren Konsequenzen führen. Deshalb sollte auch bereits der mittelständische Unternehmer versuchen, organisatorische Sicherheitsmechanismen vorzusehen.

Eine Funktionstrennung zwischen Handel und Abwicklung ist für Banken unerläßlich. Sie dient dazu, Fehler aufzudecken, Mißbrauch zu vermeiden und gefährliche Entwicklungen frühzeitig zu entdecken. Auch wenn im mittelständischen Unternehmen Derivate nur zu Absicherungszwecken angewendet werden, sollte eine Trennung zwischen Geschäftsabschluß (z.B. durch Finanzabteilung) und Bestätigung (z.B. durch Buchhaltung oder Controlling) vorgesehen werden, die Geschäftsleitung sollte immer informiert werden. Dies dient nicht zuletzt auch der Know-How-Verbreitung im Unternehmen. Erstanwender derivater Instrumente oder Unternehmen die diese nur sporadisch einsetzen, sollten nur Produkte verwenden, für die ein breiter Markt vorhanden ist und deren Wirkungen auf ihr Zinsrisiko leicht erkennbar sind.

Derivate Geschäfte können zum aktuellen Marktwert aufgelöst werden. Durch eine regelmäßige Bewertung kann die gewählte Sicherungsstrategie auf ihre praktische Relevanz überprüft und gegebenenfalls angepaßt werden. Sollte im Unternehmen die dafür notwendige Expertise fehlen, können die benötigten Informationen von der Hausbank bereitgestellt werden.

4 Schlußbemerkungen

4.1 Investitionen präzise planen

Mittelständische Unternehmen haben eine rege, permanente und in der Tendenz ansteigende Investitionstätigkeit. Gründe dafür sind die Umstellung auf neue Produktionsmethoden und die Notwendigkeit zur Qualitätsverbesserung; viele Produktionsbereiche sind kapitalintensiver geworden, die Aufwendungen für F+E nehmen zu, Umweltschutzauflagen sind zu beachten.

Die normalerweise teureren langfristigen Fremdmittel dürfen nicht dazu verleiten, für Anlageinvestitionen kurzfristige Kredite einzusetzen. Um Zinsrisiken auszuschalten und für eine sichere Kalkulationsbasis sollte ein fester Zinssatz für die gesamte Laufzeit eines langfristigen Kredits ausgehandelt werden.

Es wird zudem wenig bedacht, daß erfolgreiche Investitionen zu einem zusätzlichen Produktionswachstum führen. Das induziert einen steigenden Betriebsmittelbedarf, der ein weiteres Finanzierungsproblem auslöst.

4.2 Steuerliche Auswirkungen beachten

Steuern können einen erheblichen Einfluß auf die Finanzierungskosten ausüben - sowohl im negativen als auch im positiven Sinn. Sie können als zusätzliche Nebenkosten anfallen oder aber übrige Finanzierungskosten entlasten. Auch dies ist ein Grund für die fortschreitende Internationalisierung der Unternehmen. Man denke nur an die Steuerprivilegien, die die Europäische Union zur Förderung der Wirtschaftsstruktur geschaffen hat, ich nenne hier nur Irland und Madeira.

Steuerliche Gestaltungsmöglichkeiten sind daher zunehmend für den Mittelständler wichtiger Finanzierungsbestandteil jeder Investition. Der alte Grundsatz, Entscheidungen niemals nur unter steuerlichen Gesichtspunkten zu treffen, gilt jedoch nach wie vor.

4.3 Ausblick

Die Finanzierung ist keine isolierte Teilaufgabe im Unternehmen. Konjunkturelle Schwankungen, tiefgreifender Strukturwandel und die fehlende Fähigkeit, eigene Mittel in ausreichender Höhe zu bilden, rücken die Finanzierungsaufgabe mitten in das operative und strategische Geschehen im Unternehmen hinein. Schwachstellen der Finanzierung wirken durch wechselseitige Beeinflußung auch auf die Organisation, die Produktion und den Vertrieb eines Unternehmens. Der finanzielle Sektor ist genauso ein Produktionsfaktor wie die Mitarbeiter oder die maschinelle Ausstattung.

Das Gespür für die Bedürfnisse des Marktes, schnelles Agieren und Reagieren sowie hohe Flexibiltät werden auch in Zukunft die Pluspunkte der mittelständischen Wirtschaft sein. Die Finanzierungsnachteile, die der Mittelstand gegenüber großen Konkurrenten zu Beginn der Globalisierung und Securitization der Finanzmärkte hatte, werden geringer, aber sie werden niemals verschwinden. Mittelständische Unternehmen nutzen heute selbstverständlich eine breite Palette neuer Finanzierungsinstrumente. Die konkurrenzfähige, flexible Unternehmensstruktur und die verbesserten Finanzierungsmöglichkeiten sind die Voraussetzungen dafür, daß diese Unternehmen auch in Zukunft ihre zentrale Rolle in der deutschen Wirtschaft behaupten können.

State of the Art von Finanzinnovationen

Christian Brand

Stellvertretender Vorsitzender des Vorstandes der L-Bank, Karlsruhe

1 Einleitung

Die Finanzwelt hat in den letzten 15 Jahren eine Veränderung durchgemacht, wie möglicherweise in Hunderten von Jahren vorher nicht. Dies geschah durch die Entwicklung der derivaten Produkte, die auch unter dem Begriff „Finanzinnovationen“ bekannt wurden. Die Entwicklung erfolgte so rasant und umfassend, daß ich in diesem Beitrag nur auf einige Aspekte einzugehen vermag.

Die derivaten Produkte werden in zwei Gruppen gegliedert. Zum ersten die börsengehandelten Futureskontrakte auf Aktien, Staatsanleihen, Devisen, Edelmetalle und Eurozinssätze. Bei diesen Produkten handelt es sich um standardisierte Instrumente, deren Fälligkeiten jeweils in die Monate März, Juni, September und Dezember fallen. Durch die Tatsache, daß der Kontrahent immer das Clearinghouse ist und bei Abschluß eines Geschäftes ein Einschuß und bei Preisveränderungen ein Nachschuß geleistet werden muß, entstehen für die Teilnehmer an diesem Markt keine bzw. nur geringe Bonitätsrisiken. Dafür sind die Marktrisiken um so größer, da mit einem geringen Kapital ein großes Nominalvolumen gehandelt werden kann. Die Tatsache, daß die jeweiligen Kontrakte immer 3 Monate laufen und auch die Stückelung standardisiert ist, erlaubt es der Industrie jedoch nur in Ausnahmefällen, diese Produkte im Finanzmanagement einzusetzen. Deswegen möchte ich auf diesen Bereich der Innovationen nicht weiter eingehen.

Die zweite Gruppe wird im Fachjargon OTC genannt. Dies ist die Abkürzung für 'over the counter' und bedeutet, daß es sich hierbei um nicht börsengehandelte Instrumente handelt. Bei diesen Produkten können zwei Partner untereinander die Laufzeit, den Betrag, die Währung und den Basispreis aushandeln, sich quasi einen Maßanzug schneidern. Dabei entsteht aber neben dem Marktrisiko auch ein Bonitätsrisiko, da hier in die Abwicklung kein Clearinghouse eingeschaltet ist und in der Regel keine Einschüsse als Sicherheitsleistung vorzunehmen sind. Der Vorteil der freien Gestaltbarkeit hat jedoch dazu geführt, daß gerade dieser Bereich die größte Volumensentwicklung hatte und mit ziemlicher Sicherheit auch in der Zukunft haben wird.

Im folgenden möchte ich Ihnen anhand jeweils eines Beispiels die gängigsten Produkte darstellen, wobei ich auf Formeln und Finanzmathematik verzichten möchte.

2 Finanzinnovationen

2.1 Zinsswap

Beginnen werde ich mit dem Zinsswap, der eigentlich auf einer gar nicht so neuen Erkenntnis beruht, nämlich dem Austausch des komparativen Vorteils, wie er schon um 1800 von David Ricardo, einem englischen Ökonomen und Bankier, anhand des Handels von Portwein gegen Textilien zwischen Portugal und England demonstriert wurde. Statt Waren werden heute im Finanzgeschäft nur Festsatzzinsen gegen variable Zinsen getauscht, ohne daß jedoch dabei Kapital fließt. Nachfolgendes Beispiel demonstriert die Funktionsweise eines Zinsswaps:

Die Firma A beabsichtigt eine neue Produktionsstätte zu bauen, die sich in unserer Annahme in den nächsten 10 Jahren amortisieren soll. Um die Preise der dort produzierten Waren kalkulieren zu können, würde sie den Fremdfinanzierungsanteil des Projektes normalerweise über die Aufnahme eines Festsatzkredites darstellen. Die Kosten hierfür beliefen sich bei diesem Beispiel auf 8,05% p.a. inkl. der Marge, wobei der Einfachheit halber von einem endfälligen Kredit ausgegangen wurde.

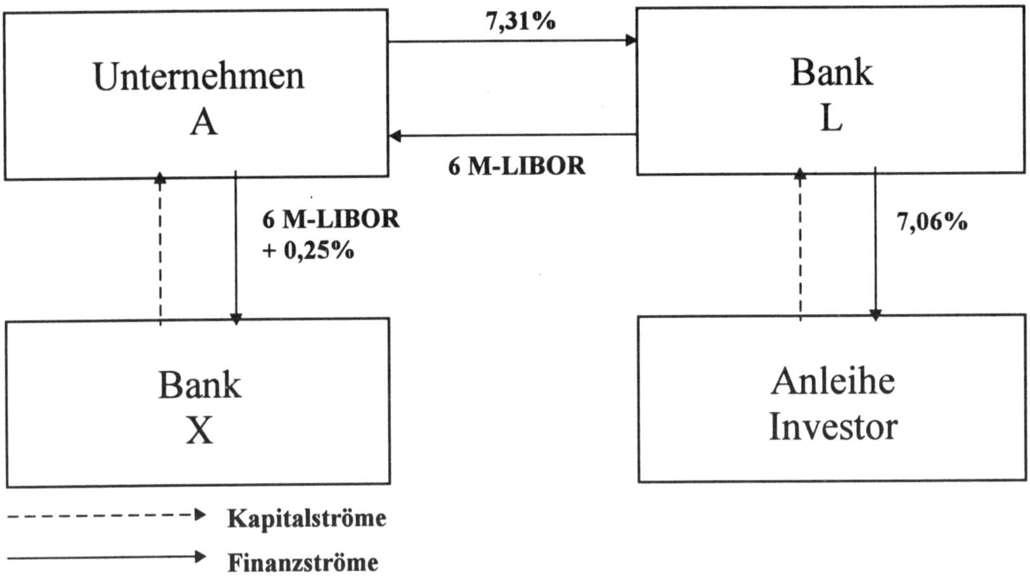

Abb. 1: Kapital- und Finanzströme beim Zinsswap

Bei einer Darstellung der Finanzierung über einen roll-over Kredit mit Zinsswap würden sich bei einer Marge über Libor von 0,25% p.a. nur Kosten von 7,56% p.a. ergeben. Zur Verdeutlichung der Systematik dient vorstehende Graphik, die die Zahlungsströme darstellt: (**Abb. 1**)

Wie Sie aus der Darstellung entnehmen können, gleichen sich die 6M-Libor-Zahlungen aus, wobei Voraussetzung ist, daß die Festlegung dieses Satzes gleichzeitig und auf gleicher Basis erfolgt. Die Kosten ergeben sich also

aus der Marge über Libor von	0,25% p.a.
und dem Festsatz von	7,31% p.a.
	7,56% p.a.

Die Kostenreduzierung gegenüber der traditionellen Festsatzkreditfinanzierung beläuft sich in diesem Fall auf 0,49% p.a.

Ein weiterer Vorteil liegt in der größeren Flexibilität dieses Paketes. Bei dem normalen Festsatzkredit kann in der Regel eine Kreditinanspruchnahme nicht unterbrochen werden. Aus einem positiven cash flow resultierende Mittel müssen daher im Euromarkt zu einem Satz von ca. 0,25% p.a. unter Libor angelegt werden. Bei roll-over Krediten kann jedoch zum Zeitpunkt der Zinsfestsetzung eine Ziehung ausgelassen werden. In diesem Falle läuft zwar die Festsatzzahlung weiter, aber die kalkulatorische Anlage findet zu Libor statt, was eine Verbesserung von 0,25% p.a. in der Anlage inkl. Ersparnis der Kreditmarge von 0,25% bedeutet. Trotz der dargestellen positiven Effekte, gibt es auch hier Risiken:

- ***Bonitätsrisiko*** (auch Kontrahentenrisiko genannt)

  Sollte aus Sicht des Unternehmens A die Bank L in Konkurs gehen, so würde die Vereinbarung automatisch terminiert werden. Sollte in diesem Fall für die Restlaufzeit der Festsatz höher liegen, den A für einen Ersatzswap zahlen muß, so erhöhen sich die Gesamtkosten um die Differenz zwischen dem ursprünglich vereinbarten und dem jetzt geltenden Zinssatz. Das gleiche gilt für die Bank L, wenn der Partner A ausfällt und der Zinssatz für die Restlaufzeit niedriger als ursprünglich vereinbart ist.

- ***Vorleistungsrisiko***

  Die Bank zahlt in der Regel den Libor erstmalig nach 6 Monaten und somit vor dem des Kunden A. Sollte der Kunde dementsprechend vor Zahlung des Festsatzes ausfallen, so läuft sie das Risiko, diese Zahlung nicht wieder zu bekommen. Dieses Risiko kann jedoch durch entsprechende Dokumentation bei Abschluß ausgeschaltet werden. So kann z. B. halbjährliche Zahlung für beide Parteien vereinbart werden, wobei dann der Festsatz dies reflektieren wird.

- ***Transferrisiko***

  Das Transfer-Risiko kommt zum Tragen, wenn ein Kontrahent zahlt und der andere nicht. Auch dies kann vertraglich minimiert werden, in dem ein sogenanntes 'netting' vereinbart wird. Das bedeutet, daß die Zahlungen gegeneinander aufgerechnet werden und nur die Differenz zur Auszahlung kommt.

Bei diesem Beispiel wird von einer Rückzahlung bei Fälligkeit ausgegangen. Es sind jedoch bei einer entsprechenden Größenordnung des involvierten Nominalbetrages Swaps mit Tilgungsstrukturen oder Strukturen, in denen sich der Betrag in vorher festzulegenden Beträgen auf- und später dann abbaut, sog. 'step up - step down' Swaps.

Sollte ein Unternehmen, das den derzeitigen Zinssatz für attraktiv hält, die Investitionen erst zu einem späteren Zeitpunkt vornehmen können, so kann es das Zinsniveau über einen 'delayed swap', also eines erst in der Zukunft beginnenden Swaps sichern, wobei der Zinsatz dann auf Basis der Zinskurve festgelegt wird. Falls diese geplante Investition noch fraglich ist, kann die Sicherung des Zinssatzes über den Kauf einer Swaption, also einer Option auf einen Swap, erfolgen. Der Optionspreis wird dann von der Art der Option, dem 'strike price', der Volatilität des Marktes und der Länge der Optionsperiode bestimmt.

2.2 Zins-/Währungsswap

In einem Zins-/Währungsswap werden Zinsströme in unterschiedlichen Währungen und bei Beginn und am Ende die entsprechenden Kapitalbeträge in Währung unter den Kontrahenten ausgetauscht. Dabei sind die Wechselkurse am Anfang und Ende gleich und entsprechen in der

Regel dem bei Abschluß gültigen Kassakurs. Auf- oder Abschläge wie bei einem Devisentermingeschäft sind nicht notwendig, da sie beim Swap durch die Zinszahlungen in diesen Währungen ausgeglichen werden. Eine typische Anwendung für einen derartigen Swap wird an nachstehendem Beispiel demonstriert:

Das Unternehmen A hat in den USA eine Tochtergesellschaft, die über die nächsten 5 Jahre einen erheblichen Betriebsmittelbedarf hat. Die Kosten hierfür dürften sich bei einer lokalen Bank auf US$ 6M-Libor + 1,5% belaufen. Die deutsche Muttergesellschaft befindet sich jedoch in der glücklichen Lage, einen hohen Liquiditätsüberschuß für die nächsten Jahre zu haben, den sie in der Regel auf 3 oder 6 Monatsbasis in DM bei einer Bank anlegt und dafür 6M-Libor abzüglich 0,25% p.a. erhält.

Die aus dieser Vorgehensweise resultierenden hohen Kosten, nämlich gemessen am 6M-Libor in Höhe von 1,75% p.a. und die sicherlich bei der Konzernbilanz nicht gewünschte Bilanzsummenverlängerung kann auf zwei Arten vermieden werden.

Zum einen könnte A den US$ Betrag in der Kasse kaufen und per Termin verkaufen oder aber einen Zins-/Währungsswap bzw. wie es in der neuen Banksprache heißt, einen Basisswap abschließen und dann die US$ Beträge der Tochter zur Verfügung stellen. Der Devisenterminmarkt ist bei größeren Beträgen und längeren Laufzeiten nicht besonders liquide, was sich in entsprechend hohen Kosten ausdrückt. Der Swap-Markt hingegen ist sehr liquide und arbeitet deshalb mit relativ geringen Margen. Der folgende Kostenvergleich zwischen einem Swap und dem Grundszenario sieht wie folgt aus:

Kreditaufnahme	US$	6M-Libor + 1,25% p.a.	Swap Libor + 0,25% p.a.
Geldanlage	DM	6M-Libor ./. 0,25% p.a.	Swap Libor -
Gesamtkosten		1,5% p.a.	0,25% p.a.

Der Kostenvorteil entspricht in unserem Beispiel: 1,25% p.a.

Ob die Muttergesellschaft der US Tochter nun die US$ zu Libor + 0,25% p.a. zur Verfügung stellt oder diesen Aufschlag erhöht, hängt von der Fähigkeit ab, das amerikanische Finanzamt davon zu überzeugen, daß diese Transaktion auf 'arm's length principle' erfolgt ist und somit keine Gewinnverschiebung darstellt.

2.3 Cap

Bei einem Cap handelt es sich um eine Option, die in der Regel als Basis für den Strike den 6M-Libor hat und die Höhe dieses Zinssatzes nach oben hin beschränkt. Die Preisfindung basiert dabei auf der Laufzeit der Vereinbarung, den als Strike gewählten Zinssatz und der Volatilität der Zinsmärkte.

Ein typisches Beispiel für die Anwendung wäre wiederum eine geplante Investition eines Unternehmens. Dabei ist das Unternehmen sich bewußt, daß der durchschnittliche DM 6M-Libor der letzten 20 Jahre unter den entsprechenden Festzinssätzen für z.B. 5 Jahre gelegen hat und möchte sich dieses zunutze machen. Gleichzeitig möchte man aber in den einzelnen Jahren der gewählten Laufzeitperiode keine großen Schwankungen in den Zinskosten in der G&V ausweisen bzw. in einer Hochzinsphase eventuell in Liquiditätsschwierigkeiten geraten. Man erwirbt deshalb einen Cap mit einem 6M-Libor von 6% p.a., wobei die bei Abschluß zu entrichtende Prämie bei ca. 4% einmalig liegt. Die Prämie, aufgeteilt über die Laufzeit unter Berücksichtigung der Vorfinanzierungskosten, beläuft sich auf 0,96% p.a.. Davon ausgehend, daß die Kreditmarge 0,25% über DM-Libor lautet, können die maximalen Zinskosten 7,21% p.a. nicht überschreiten.

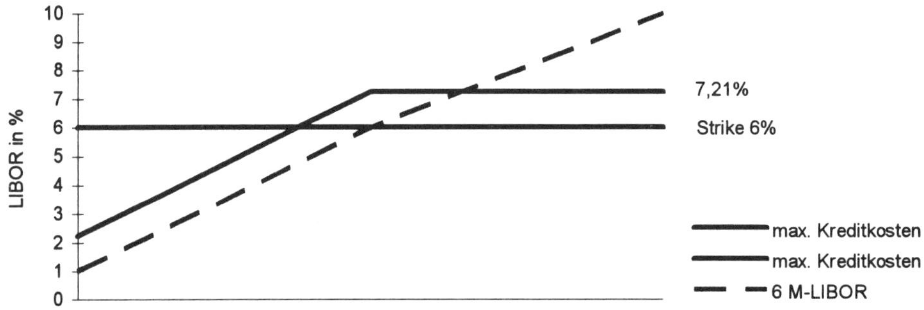

Abb. 2: Cap

Aus der **Abb. 2** kann abgelesen werden, wie sich die Kosten bei unterschiedlichen Libor Fortsetzungen für das Unternehmen entwickeln und macht deutlich, daß der Käufer des Caps seine Chance an sinkenden kurzfristigen Zinsen zu partizipieren erhalten hat, jedoch das Risiko bei ansteigenden Zinsen auf den Maximalzins von 7,21% p.a. beschränkt. Vergleicht man die Maximalkosten mit den zum selben Zeitpunkt anfallenden Festsatzkosten bei 1% p.a. Marge von 7,37% p.a., so hat sich das Unternehmen einen Zinsvorteil von 0,16% p.a. geschaffen, der durch jede unter dem Strike von 6% p.a. liegende Libor Festlegung verbessert wird. Bilanziell ist die Prämie über die Laufzeit abzugrenzen.

Das Risiko für den Käufer liegt darin, daß der Verkäufer bei Überschreiten des Strikes in Konkurs geht und seine Verpflichtungen nicht mehr erfüllen kann. Für den Verkäufer ist das Risiko theoretisch unbegrenzt.

2.4 Floor

Der Floor basiert auf dem selben Grundprinzip wie ein Cap, nur daß hier der Minimumzinssatz des Libors festgelegt wird. Typische Käufer von Floors sind Versicherungen, Fonds oder Pensionskassen, die mit einem Anstieg der kurzfristigen Zinsen rechnen und daraus einen Vorteil ziehen, sich aber eine Mindestverzinsung sichern wollen. Die Abb. 3 verdeutlicht, wie dies heute bei einem Strike von 5% p.a. aussehen würde, wobei von einer Verzinsung für die tatsächliche Anlage von Libor ./. 0,25% p.a. ausgegangen wurde. Die einmalig, bei Abschluß zu zahlende Prämie, liegt bei 0,79%, was über die Laufzeit verteilt Kosten von 0,19% p.a. darstellt.

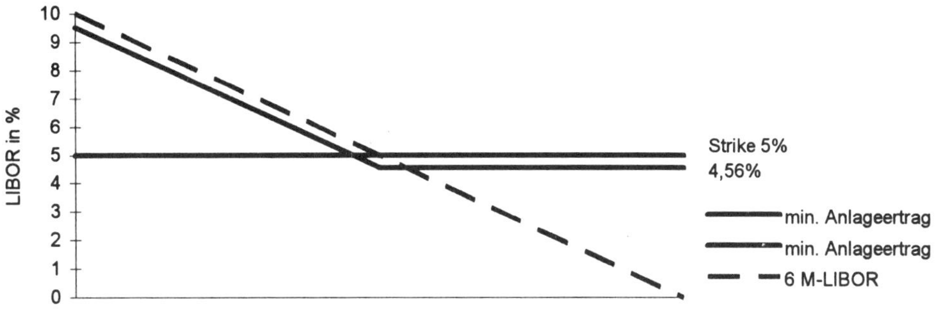

Abb. 3: Floor

Eine entsprechende Festzinsanlage hätte zum selben Zeitpunkt bei dem Kauf von Pfandbriefen eine Rendite von 6,33% p.a. ergeben, was zwar erheblich über dem anfänglichen Ertrag der ersten 6 Monate von derzeit 4,25% p.a. liegt, jedoch wäre dann eine Erhöhung des Zinsertrages während der Laufzeit nicht möglich.

2.5 Collar

Ein Collar ist die Kombination aus Cap und Floor.

Ein Unternehmen würde typischerweise der Käufer eines Caps und der Verkäufer eines Floors sein. Er würde damit erreichen, daß sich die minimalen und die maximalen Zinsschwankungen in einem relativ engen Bereich abspielen, wobei jedoch gemäß Abb. 4 die maximalen Kosten für eine Kreditaufnahme nach Saldierung der Prämien niedriger sind, also das Risiko verringert wird, aber die Chance an fallenden Zinsen beteiligt zu sein, limitiert ist. Als Basis für die Darstellung in Abb. 4 gelten die vorher genannten Parameter für den Cap und den Floor.

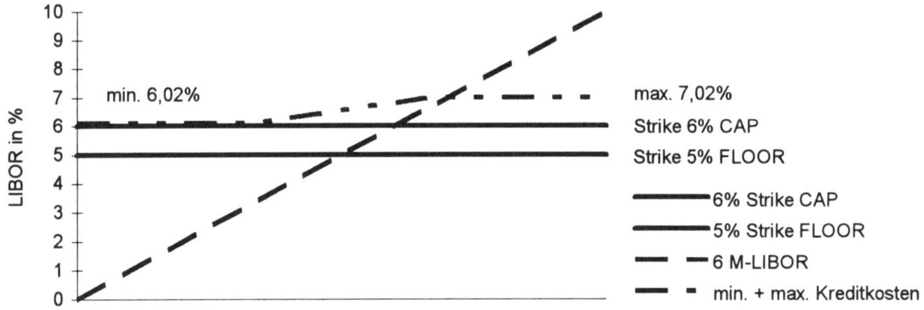

Abb. 4: Collar

Das inhärente Risiko ist analog dem Cap zu sehen.

Ein Unternehmen würde einen Collar immer dann erwerben, wenn der maximale Zinssatz bei der Kalkulation der Stückkosten zugrunde gelegt werden kann, die Marge im Verkauf aber ausreichend ist, wenn der Mindestzins nicht unterschritten wird.

2.6 Devisenoptionen

Die Absicherung von Währungspositionen über Termingeschäfte ist in der Praxis bereits weit verbreitet. Seit der Entwicklung von Optionen für die als konvertierbar geltenden Währungen steht eine weitere sehr viel flexiblere Alternative zur Verfügung, die zumindest rein optisch über die Prämie erheblich teurer sein wird. Wie bei allen Optionen erhält sie einem jedoch die Chance, bei einer Devisenkursentwicklung, die in die für einen selber positive Richtung geht, eine Verbesserung des zumindest gesicherten Ergebnisses ermöglicht, da hier die Wahl zur Ausnutzung besteht, während das Devisentermingeschäft bei Fälligkeit erfüllt werden muß.

Wie bei allen Optionen, die nicht börsengehandelt sind, also sog. OTC-Optionen, gibt es bezüglich der Ausübungsmöglichkeit zwei Varianten. Die amerikanische Variante kann jederzeit während der Laufzeit ausgeübt werden und ist daher in der Prämie etwas teurer. Die europäische Variante kann nur am Fälligkeitstag ausgeübt werden und ist wegen der anscheinend geringen Flexibilität etwas preiswerter. Prinzipiell ist aber zu sagen, daß eine europäische Option jederzeit bei dem gleichen Kontrahenten aufgelöst werden kann, wenn das zugrunde liegende Geschäft früher als erwartet abgewickelt wird. Die Prämie, die für die Auflösung bezahlt wird, spiegelt dann die Differenz zum derzeitigen Markt wieder und kann dann als Ausgleich für die zum Strike Price abweichende Kassaquotierung genommen werden.

Die Prämie wird errechnet auf der Basis des Strike Price, also ob im Geld, am Geld oder aus dem Geld, der Laufzeit, die den Zeitwert bestimmt und der zu dem Zeitpunkt für die Zukunft bestehenden Volatilität. Die Berechnung erfolgt in der Regel auf der von Black und Scholls entwickelten Formel oder Variationen davon. Ohne entsprechende PC-gestützte Rechnungen sind derartige Preise kaum zeitgerecht nachvollziehbar.

Wie sähe ein typischer Einsatz für den Kauf einer Option aus?

Ein Unternehmen im Anlagenbau nimmt an einer Ausschreibung für die Erstellung eines schlüsselfertigen Werkes teil, wobei die Kontraktwährung über US$ läuft. Um eine vernünftige Kalkulation für die Gesamtkosten erstellen zu können, muß es eine feste US$-DM Kursannahme tätigen, obwohl es weder weiß, ob sein Gebot angenommen wird, noch wie der US$ Kassapreis bei den einzelnen Zahlungszeitpunkten sein wird. Die Vergangenheit hat aber gezeigt, daß nicht korrekte Annahmen letztendlich bei Abwicklung eines solchen Auftrages zu erheblichen Verlusten geführt haben.

Heute kann ein Unternehmen die zu erwartenden US$ Beträge zu den jeweiligen voraussichtlichen Terminen kaufen und die Kosten der Prämien in seine Kalkulation mit eingehen lassen bzw. zumindest z. T. mit eingehen lassen. Im Falle, daß das Gebot später nicht zum Tragen kommt, kann die Option, wie vorstehend bereits erwähnt, wieder aufgelöst werden und zumindest ein Teil der Prämie fließt wieder zurück, denn jede Option hat einen Zeitwert und einen inneren Wert.

Viele Unternehmen scheuen sich vor dem Abschluß derartiger Optionen, mit der Argumentation, daß dies die Kosten erheblich erhöht. Aber auch eine Feuerversicherung, mit der eine derartige Option meines Erachtens verglichen werden kann, ist mit hohen Prämien versehen und trotzdem käme kein Unternehmer auf die Idee, diese zu sparen, selbst dann nicht, wenn in seinem Unternehmen noch nie ein entsprechender Schaden vorgekommen ist.

3 Ein Beispiel zum Einsatz von Finanzinnovationen

Ein weiteres Beispiel soll zeigen, wie es einer Holding gelungen ist, ihre Keditkosten erheblich zu reduzieren

Die Holding hatte aus dem Verkauf einer Gesellschaft den Kaufpreis z. T. in Aktien noch nicht dividendenberechtigter Aktien einer französischen Versicherungsgesellschaft erhalten, die zwar schon gehandelt werden konnten, aber der quotierte Preis nicht dem tatsächlichen Wert entsprach. Gleichzeitig mußten aber Kredite aufgenommen werden, um die sonstigen Aktivitäten zu finanzieren. Die Kreditkosten beliefen sich zu diesem Zeitpunkt auf 6M-Libor zuzüglich einer Marge von 0,75% p.a. Durch die Beratung einer innovativ eingestellten Bank, konnten die vergleichbaren Kosten auf Libor zuzüglich 0,25% p.a. reduziert werden. Die Bank empfahl die Aktien, die bisher keinen Ertrag brachten, zu verkaufen und den daraus resultierenden Ertrag in französischen Franken (FRF) gegen DM zu verkaufen. Gleichzeitig erwarb die Gesellschaft eine Call Option auf die Aktien und die FRF mit einer Laufzeit von 6 Monaten. Die beiden Prämien entsprachen den oben genannten reduzierten Kosten.

Eine zusätzliche Verbesserung entstand durch die Tatsache, daß die Aktien während der Laufzeit dividendenberechtigt wurden und der französische Franc sich gegenüber der DM festigte. Die Gesellschaft übte dementsprechend ihre Optionen aus und plazierte die Aktien über die Bank bei einem institutionellen Anleger, der, da es sich um ca. 5% des ausstehenden Kapitals handelte, einen kleinen Paketaufschlag zahlte. Der höhere Kassakurs des FRF gegen DM brachte zusätzlichen Ertrag.

Dieses Beispiel demonstriert meines Erachtens sehr gut, wie der richtige Einsatz von Finanzinnovationen einem Unternehmen erhebliche Vorteile bringen kann. Es gibt jedoch durchaus auch negative Beispiele, von denen hier der wohl bekannteste Fall der Balsam AG dargestellt werden soll. Balsam, der weltweit größte Hersteller von Kunstrasen, befand sich schon seit Jahren in Schwierigkeiten und beschaffte sich nicht nur Liquidität durch gefälschte Forderungen, die man an Procedo verkaufte, sondern nutzte auch die Finanzinnovationen, um eine Kreditschöpfung zu betreiben. Das Unternehmen verkaufte in Milliardenhöhe sogenannte

Straddles in den unterschiedlichsten Währungen. Ein Straddle ist der Verkauf einer Verkauf- und einer Kaufoption auf unterschiedlichen Basispreisen.

Die so erzielten Prämien wurden für das normale Geschäft eingesetzt, was den Konkurs weiter hinauszögerte. Da die Gesellschaft sehr professionell handelte, ihre Geschäfte auf eine Vielzahl von in- und ausländischen Banken verteilte und immer glaubhaft versicherte, daß diese Geschäfte der Absicherung von tatsächlichen Aufträgen diente und darüber hinaus bis dato keine Evidenzmeldungen wie für ein Kreditgeschäft erfolgen müssen, hatten nur wenige der Kontrahenten Bedenken, mit der Gesellschaft zu arbeiten. Es fehlte den Banken also der notwendige Überblick.

4 Risikomanagement und Finanzinnovationen

Der 'State of the Art von Finanzinnovationen' liegt zu einem in der Verbindung der vorstehend erläuterten Produkte und Hunderte ihrer Variationen und in der technischen Abwicklung. Das Schwergewicht der Aufmerksamkeit liegt heute im sogenannten *Risikomanagement*, d. h. der Kontrolle und Steuerung nicht nur der Finanzinnovationen, sondern aller Risiken, insbesondere jedoch der Marktrisiken. Dies gilt natürlich im besonderen für Banken. Zu diesem Thema gibt es bis dato kaum Literatur, da es sich um eine extrem komplexe Erfassung aller Geschäftsvorgänge in einem Haus handelt. Auch das Angebot an entsprechenden EDV-Programmen ist z. Z. noch lückenhaft. Deshalb versucht jedes Haus kurzfristig entsprechende Systeme zu entwickeln, die eine Übersicht über die Risiken erlaubt.

Die L-Bank hat sich diesem Themenkomplex natürlich intensiv gewidmet. Sie macht es zum eigenen Schutz als konservative Bank. Sie unterliegt aber als Bank kompletteren und strengeren Aufsichten als ein Industrieunternehmen. Dies ist, auch wenn uns hier, im Verhältnis zu London, Tokio und New York, mit hoher deutscher Gründlichkeit Mehrfachbelastungen aufgebürdet werden, richtig.

5 Zusammenfassung

Zum Abschluß dieses Beitrages noch zwei wesentliche Anmerkungen:

1. Die Finanzinnovationen sind eine der wichtigsten Entwicklungen im Bankgeschäft die es gibt und zwar nicht nur für Banken, sondern auch für die Industrie. Eine gute Wettbewerbsfähigkeit eines Unternehmens beruht, wie Sie wissen, nicht nur auf der Entwicklung von neuen Produkten und deren Qualität, sondern auch auf der Möglichkeit, diese Produkte möglichst preisgünstig anbieten zu können. Dabei sollte jeder sich bietende Vorteil genutzt werden. Dies ist in der Regel nur möglich, wenn die traditionellen mit den innovativen Finanzierungsmöglichkeiten in der richtigen Mischung eingesetzt werden. Dabei liegt die Betonung auf 'richtigen'.

2. Die folgende Aussage scheue ich micht fast zu machen, aber wie der Fall Procter & Gamble gezeigt hat, ist sie unbedingt nötig. Tätigen Sie nie ein Geschäft, welches Sie nicht in allen seinen Facetten verstanden haben. Fragen Sie die Sie beratende Bank so lange, bis es keine offenen Fragen mehr gibt und stellen Sie sicher, daß die Geschäfte, auch wenn sie nicht in der Bilanz zu zeigen sind, im Hause korrekt abgebildet werden und die Geschäftsleitung regelmäßig über die jeweilige Bewertung informiert werden kann.

Währungsmanagement durch Finanzinnovationen

Hans-Peter Preyer

Stellvertretender Direktor Trading and Sales, Deutsche Morgan Grenfell, Frankfurt

1 Einleitung

Jegliche Managemententscheidungen unter Unsicherheit beinhalten Chancen und Risiken deren Ergebnis sich im Unternehmen in Form von Gewinnen oder Verlusten widerspiegeln. Entscheidend für den Erfolg oder Mißerfolg des Unternehmens sind Risiken, die im Zusammenhang mit dem originären Geschäftsfeld des Unternehmens eingegangen werden. Neben diesen Risiken aus geschäftspolitischen Entscheidungen sind es bei international operierenden Unternehmen vor allem die Finanzrisiken, die den Erfolg des Unternehmens maßgeblich mitbestimmen. Diese zusätzlichen Risiken können jedoch mit Hilfe von modernen Finanzinstrumenten gesteuert werden. Voraussetzung dafür ist die Implementierung einer EDV- und informationstechnisch professionell ausgestatteten Finanzabteilung. Diese Abteilung muß zu jeder Zeit über das Ausmaß der Risiken informiert sein und gegebenenfalls über den Einsatz geeigneter Instrumente zur Eliminierung dieser Risiken entscheiden. Da Risiken auch jeweils Chancen gegenüberstehen, wurde in den letzten Jahren eine Vielzahl von Instrumenten entwickelt, die es den Unternehmen erlaubt, Risiken zu minimieren bzw. zu vermeiden und dabei das Chancenprofil weitestgehend zu erhalten.

2 Treasury im Wandel

Die Internationalisierung des Grundgeschäftes einerseits sowie andererseits die Globalisierung der Finanzmärkte und deren komplexe Struktur, eine deutlich gestiegene Volatilität (die tägliche Schwankung der Wechselkurse und Zinssätze) und kompliziertere maßgeschneiderte Finanzprodukte haben neue Maßstäbe an das Aufgabenspektrum einer Finanzabteilung gestellt. Das Liquiditäts- und Kreditrisikomanagement stand historisch betrachtet im Vordergrund aller Treasuryüberlegungen. Die Aufgabe des Finanzmanagers konzentrierte sich darauf, bei Bedarf Liquidität und Kreditfaszilitäten zur Verfügung zu stellen und überschüssige Mittel profitabel und sicher anzulegen. Insbesondere das Liquiditäts- und Kreditrisikomanagement zeichnet sich im Hinblick auf die ausgeprägten Konsequenzen eines Mißmanagements für das Unternehmen aus. Ein Mißmanagement im Liquiditätsbereich führt zur Insolvenz des Unternehmens. Die Ausfallrisiken durch nicht zurückgezahlte Ausleihungen führen zu den betragsmäßig größten Einschnitten in der Bilanz. Insofern erstaunt es nicht, daß diesen beiden Bereichen bis 1970 die größte Aufmerksamkeit geschenkt wurde.

Mit dem Auseinanderbrechen des Systems von Bretton Woods Anfang der 70er Jahre standen Unternehmen vor bis dorthin unbekannten neuen Risiken: den Währungsrisiken. Seit dieser Zeit wurden in diesem Bereich eine Vielzahl von internen und externen Steuerungsinstrumenten entwickelt, die in unterschiedlichen Ausprägungen in fast allen export- oder importorientierten Unternehmen zur Anwendung gelangen.

Seit etwa Mitte der 80er Jahre stieg mit der zunehmenden Globalisierung der Finanzmärkte auch der Bedarf an Zinsrisikomanagementinstrumenten. Anders als beim Währungsmanagement stehen dem Unternehmen beim Zinsmanagement weniger interne Steuerungsinstrumente zur Verfügung. Dies hat zu der Entwicklung und nachhaltigen Etablierung von Zinssicherungsinstrumenten wie Swaps, Caps, Floors und Swapoptionen geführt.

Sämtliche Finanzrisiken eines Unternehmens lassen sich in einer Risikomanagementpyramide darstellen. Die einzelnen Segmente dieser Risikomanagementpyramide dürfen jedoch nicht isoliert voneinander betrachtet, sondern müssen als integrativer Prozeß verstanden werden. Das Liquiditätsmanagement kombiniert das Aktiv- und Passivmanagement (Geldaufnahme und -anlage) und beinhaltet einen Bedarf zur Steuerung von Zins- und Wechselkursrisiken. Die Integration des Kreditrisikomanagements komplettiert das klassische Dreieck Rentabilität-Liquidität-Sicherheit. In dieser Breite entspricht die Aufgabenstellung dem neuen Treasurykonzept.

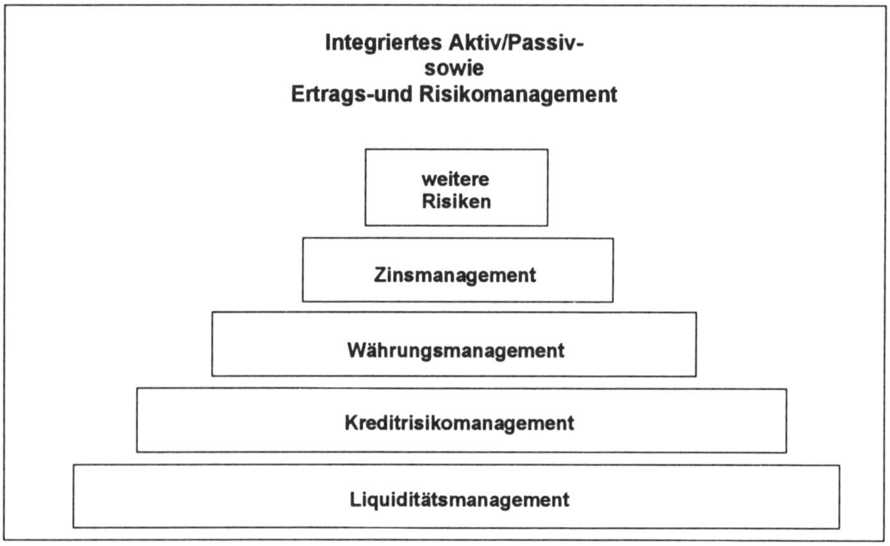

Abb. 1: Die Risikomanagementpyramide

Die sich durch den Einsatz derivativer Instrumente eröffnenden Möglichkeiten einer aktiven Steuerung der Finanzrisiken haben zu einem veränderten Selbstverständnis der Finanzabteilungen geführt. Während die Finanzabteilungen noch bis vor wenigen Jahren reine Serviceabteilungen für die Produktions- und Vertriebsabteilungen waren, erkennen mehr und mehr Unternehmen die Vorteile eines aktiven Zins- und Währungsmanagements.

Die Entscheidung für ein aktives Zins- und Währungsmanagement muß bei Industrieunternehmen durch erhebliche Anpassungsprozesse begleitet werden. Die neueste Studie von Greenwich Associates zeigt, daß der Umgang deutscher Industrieunternehmen mit Risikomanagementprodukten nach wie vor sehr konservativ geprägt ist. Dies drückt sich in einer gewissen Zurückhaltung deutscher Unternehmen beim Einsatz derivativer Instrumente aus. Trotz negativer Presse im Zusammenhang mit dem Einsatz derivativer Instrumente geht die Entwicklung bei international tätigen Unternehmen mehr und mehr in Richtung eines aktiven Finanzmanagements.

Die Hauptkriterien des Anpassungsprozesses lassen sich im wesentlichen durch drei große Entwicklungen im Industrieunternehmen kennzeichnen:

- Ausbau bzw. Einführung von EDV-Unterstützung

- Ausbau des Einsatzes von Treasuryinstrumenten (Pooling, Sicherungsprodukte usw.)

- Weiterentwicklung der Organisation (z.B. Zentralisierung, Verbesserung der Koordination)

3 Der Risikomanagementprozeß

Im Folgenden werden die einzelnen Aspekte des Währungsmanagements analog zu denen des Risikomanagementprozesses dargestellt:

Vor dem Einsatz geeigneter Steuerungsmittel muß zusammen mit der Geschäftsleitung eine Risikomanagementstrategie ausgearbeitet werden.

Am Beginn des operativen Risikomanagementprozesses steht die Identifizierung von Währungsrisiken. Anschließend folgt die Analyse der am Markt beobachteten Währungskurse sowie deren erwartete Preisveränderungen.

Das Exposure (nominale Währungsposition) auf der einen Seite und die sich täglich verändernden Marktfaktoren auf der anderen Seite ergeben das Risiko/Chancenprofil aus der individuellen Währungsposition des Unternehmens. So riskant auf den ersten Blick das Währungsexposure auch erscheint und unter Umständen einen unbedingten Handlungsbedarf für das Unternehmen ableiten läßt, es birgt auch eine Chance. Ziel des aktiven Währungsmanagements ist es, die Chancen soweit wie möglich zu erhalten und gleichzeitig die Risiken zu minimieren.

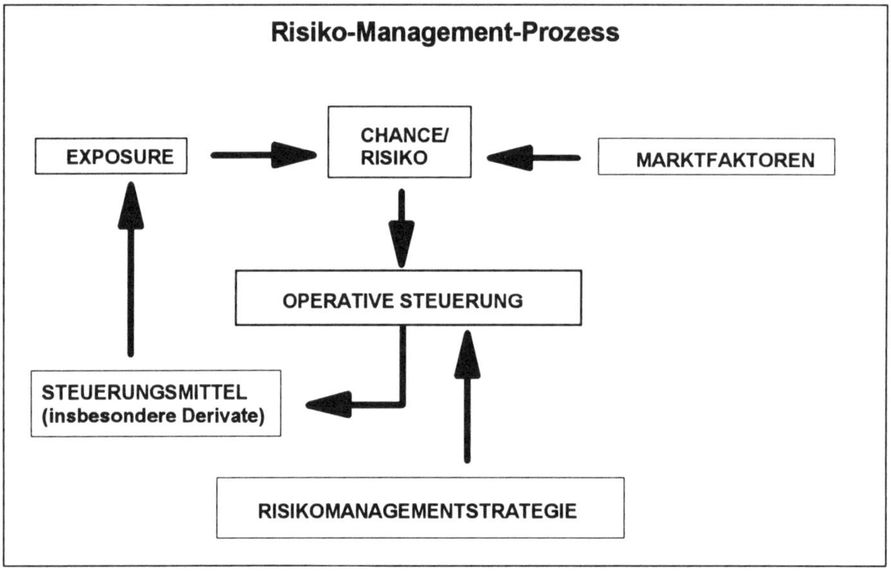

Abb. 2: Der Risiko-Management-Prozeß

4 Risikomanagementstrategie

Bei einer Anwendung des oben dargestellten Treasurymanagementkonzepts wird der Zielkonflikt zwischen Ertragsaspekten einerseits (Gewinnmaximierung durch offene Positionen) und Sicherheitsaspekten andererseits (Schließung aller offenen Positionen) offenkundig. Aus diesem Grunde ist es notwendig, daß die Geschäftsleitung zusammen mit der Treasury eine klare und auch operative Risikomanagementstrategie festlegt. Diese wird sich nach der individuellen Risikoneigung des Unternehmens in zwei Komponenten teilen, die Risikoreduzierung einerseits und die Ergebnisverbesserung andererseits:

- **Risikoreduzierung**
  Dies bedeutet, daß Kurssicherungsgeschäfte zur Reduzierung der Einflüsse von Wechselkursveränderungen auf das Unternehmensergebnis angestrebt werden. So lassen sich größere Ergebniseinbrüche durch ungünstige Wechselkursveränderungen vermeiden. Gleichzeitig bedeutet dies aber auch, daß Gewinnsteigerungen durch günstige Wechselkursveränderungen nur begrenzt genutzt werden. Das Unternehmensergebnis wird durch diese Maßnahmen im Hinblick auf volatile Wechselkurse geglättet.

- **Ergebnisverbesserung**
  Durch die Antizipation von Wechselkursschwankungen soll ein möglichst gutes Währungsergebnis erwirtschaftet werden.

Diese auf den ersten Blick vielleicht etwas widersprechenden Vorgaben können jedoch in eine operative Strategie umgesetzt werden. In der Praxis geschieht dies in den meisten an den Währungsmärkten aktiven Unternehmen dergestalt, daß sie grundsätzlich einen bestimmten Anteil des Währungsexposures absichern (z.B. 50%). Die verbleibenden 50% des Exposures können, aber müssen nicht, abgesichert werden. Hier hat der Treasurer die Wahl, ob er in Abhängigkeit von Wechselkursprognosen eine Absicherung durchführen möchte (maximal bis 100% des Exposures), oder ob er die Position den Währungsschwankungen aussetzt. Die Umsetzung dieser Strategie führt zum einen zu der gewünschten Ergebnisglättung (feste Kurssicherung von 50% des Exposures), zum anderen zur Ergebnisverbesserung (wahlweise Absicherung bis 100%).

Desweiteren ist im Rahmen der Strategie eindeutig zu bestimmen, wer für welche Aufgaben und Entscheidungen zuständig ist, auch wenn dies ein Eingriff in angestammte Mitspracherechte des Exportleiters oder des Vertriebsdirektors darstellt. Gerade die Trennung zwischen operativem und finanziellem Bereich muß aufbauorganisatorisch umgesetzt werden. Bei größeren Unternehmen ist innerhalb des Treasury-Bereiches zusätzlich im Sinne der Revisionssicherheit eine funktionale Aufgabentrennung zwischen Handel und Abwicklung herbeizuführen.

Die Formulierung der Strategie muß auch die Etablierung von Kontrollmechanismen berücksichtigen. So sollten die eingesetzten Sicherungsprodukte vorher abgestimmt werden, den Händlern müssen Positionslimite zugeteilt werden, eine generelle Verlustbeschränkung wird durch die Einführung von Stop-Loss-Limits gewährleistet, die potentiellen Geschäftspartner werden festgelegt und Plausibilitätskontrollen werden eingeführt. Zudem muß der Erfolg eines aktiven Managements ständig überprüft werden. Hierzu muß von der Treasury eine gesonderte Währungsergebnisrechnung erstellt werden, die es erlaubt, eingegangene Strategien im Hinblick auf ihre Wirksamkeit zu überprüfen und somit den Steuerungsprozeß zu optimieren.

5 Exposure

In den Lehrbüchern wird grundsätzlich zwischen drei Arten des Währungsexposures unterschieden. Das Transaktionsrisiko, das ökonomische Risiko und das Translationsrisiko.

Unter dem Begriff *Transaktionsrisiko* werden alle zukünftigen Zahlungsströme in fremder Währung verstanden. Auslöser für das Transaktionsrisiko können sowohl Warenimporte und -exporte mit Zahlungsziel sein, wie auch Ausleihungen oder Aufnahmen in fremder Währung. Der Vorteil des Transaktionsrisikos ist, daß es weitestgehend buchhalterisch erfaßbar ist (Ausnahme: in Fremdwährung fakturierte Offerten, bei denen zwar ein Währungsrisiko vorliegt, eine Zahlung aber noch nicht sicher ist). Das Transaktionsrisiko steht somit im Mittelpunkt der Absicherungsaktivitäten von Unternehmen.

Das *Translationsrisiko* umschreibt die Auswirkungen von Wechselkursänderungen auf bilanzmäßig konsolidierte Auslandsbeteiligungen. Das Währungsexposure würde somit z.B. dem Marktwert einer ausländischen Produktionsgesellschaft entsprechen. Der starke Verfall des US$

könnte zur Folge haben, daß eine ausländische Produktionsstätte in den USA nur noch halb so viel wert ist wie bei Anschaffung. Dies ist natürlich wenig realistisch. Die Bestimmung des Marktwertes kann nicht isoliert auf der Grundlage von Wechselkursveränderungen vorgenommen werden. Insofern wird dieses Risiko in der Regel nicht aktiv gemanaged, sondern wirkt sich lediglich direkt in Bewegungen des Eigenkapitals aus.

Das *ökonomische Risiko* faßt die Auswirkungen von Wechselkursveränderungen auf die Wettbewerbssituation im Heimatmarkt zusammen. Die Einflüsse der Wechselkurse auf die Wettbewerbsfähigkeit sind nicht funktional eindeutig, da sie auch von vielen anderen Faktoren abhängen. Hierzu gehören u.a. die Kostenlage der Anbieter, die nationalen Qualitätsstandards, die Verfügbarkeit von Vertriebsorganisationen, die Größe der Märkte, die Sensibilität der Kunden auf Preisveränderungen usw. Es ist außerordentlich schwierig, diese Faktoren ausreichend qualitativ zu bestimmen, um eine Hedgingsstrategie ableiten zu können.

Die beiden letztgenannten Risikoarten spielen in den meisten Unternehmen bei der Exposurebestimmung bisher noch eine untergeordnete Rolle. Obwohl beide Riskoarten unbezweifelt einen direkten Einfluß auf die buchhalterische Substanz des Unternehmens haben, ist ihre Quantifizierung zur Ableitung einer operativen Hedgestrategie fast unmöglich. Insofern verwundert es nicht, daß diese beiden Risikoarten nur in qualitativer Form festgestellt werden und in die langfristige Unternehmensplanung einfließen.

Nachdem die grundsätzliche Frage nach dem aktiv zu managenden Exposure bestimmt wurde, muß desweiteren die zeitliche Komponente berücksichtigt werden. Das Währungsrisiko für eine Zahlung besteht nicht erst ab der Fakturierung oder Warenbestellung, sondern bereits ab dem Zeitpunkt der Preisfestsetzung in der Fremdwährung. Exportorientierte Unternehmen werden ihr Exposure auf der Grundlage der aktuellen Preislisten erstellen und mindestens für die Gültigkeitsdauer dieser Listen, in Abstimmung mit dem Vertrieb, Verkaufserwartungen quantifizieren. Gleichzeitig muß der Einkauf die erwarteten Auszahlungen an ausländische Lieferanten bestimmen. Diese saldierten zukünftigen Fremdwährungsein- und -auszahlungen bilden den Hauptbestandteil des kontinuierlichen Währungsmanagements.

Im Fall einer zentralisierten Treasury wird das Gesamtexposure auch unter Berücksichtigung aller Konzerngesellschaften gebildet (Währungsnetting). Dies erleichtert eine einheitliche Planung, Prognose und Steuerung der Cash-Flows. Gleichzeitig wird der Hedgebedarf verkleinert.

Der sich aus dem Exposure ableitende Hedgebedarf ist nicht für alle Positionen identisch. Einige Währungen sind volatiler als andere. Es bietet sich somit an, das Exposure analog der unten dargestellten Tabelle aufzustellen. Das am Markt beobachtete Wechselkursrisiko wird dabei ins Verhältnis zum individuellen Währungsexposure gesetzt. Die Höhe des Wechselkursrisikos drückt sich dabei in Form der historischen Volatilität aus. Währungen mit staatlich festgelegten Wechselkursgrenzen oder historisch enger Bindung wie z.B. der NLG/DEM oder ATS/DEM unterliegen dabei natürlich einem geringeren Risiko als solche, deren Preisfestsetzung ausschließlich den Marktkräften überlassen ist.

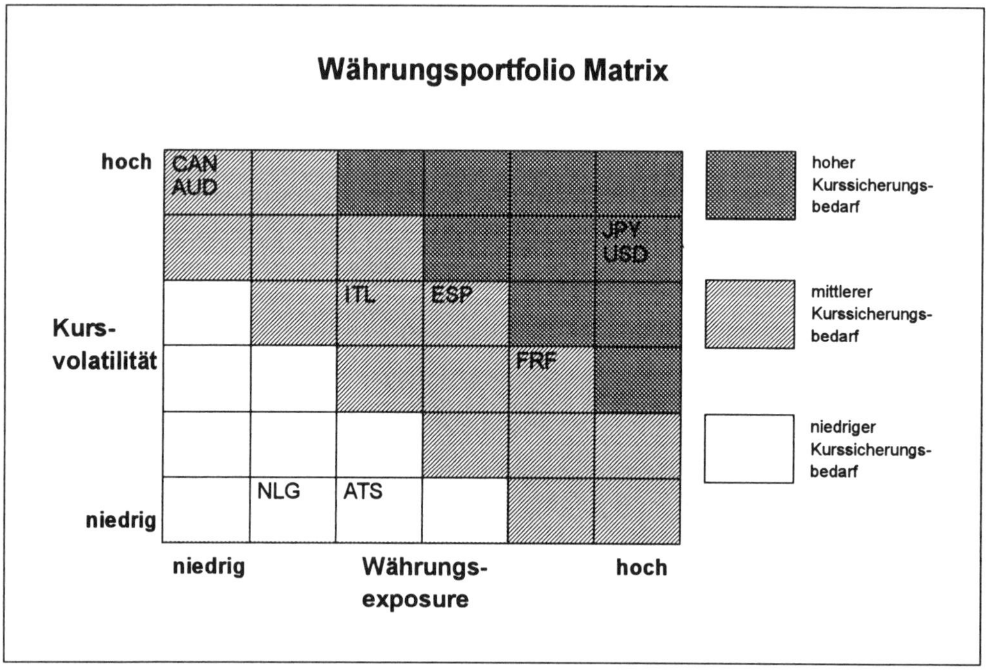

Abb. 3: Beispiel Währungsportfolio-Matrix

6 Marktfaktoren

Auf das Exposure hat das Unternehmen direkten Einfluß durch die Wahl seiner Exportmärkte. Auf die Marktfaktoren, also die tägliche Veränderung der Wechselkurse, hat das Unternehmen keinen Einfluß. Die Feststellung der täglichen Marktpreise für die unterschiedlichen Auslandsaktivitäten dient zum einen zur täglichen Bewertung des Exposures. Die permanente Beobachtung der Wechselkurse dient zum anderen jedoch auch der Prognose von Wechselkursen. Mit welcher Wahrscheinlichkeit werden sich die für das Unternehmen relevanten Wechselkurse in die eine oder andere Richtung bewegen? Eine eindeutige sichere Beantwortung dieser Frage gibt es leider nicht. Was es aber gibt sind eine Reihe von Verfahren wie z.B. Fundamentalanalysen, historische Analysen, technische Analysen, Expertenmeinungen, neuronale Netze u.a., mit denen man versucht, die Prognosegenauigkeit zu erhöhen. Die Praxis hat gezeigt, daß langfristig die besten Ergebnisse durch eine geeignete Kombination der oben genannten Verfahren erzielt werden. Die Intensität, mit der von den verschiedenen Prognoseverfahren Gebrauch gemacht wird, hängt von den individuellen Geschäftsaktivitäten ab, die sich auch in der notwendigen personellen und technischen Ausstattung der Treasury widerspiegeln. Ein exportorientiertes Konsum- oder Gebrauchsgüter herstellendes Unternehmen wird praktisch täglich am Markt Sicherungsgeschäfte durchführen, ein Anlagenbauer wird projektbezogene Einzelgeschäfte absichern.

7 Steuerungsinstrumente

Die verfügbaren Steuerungsinstrumente lassen sich in interne (z.B. Matching, Netting, Leading und Lagging) und externe Methoden des Währungsmanagements unterteilen. Externe Methoden umfassen Kasse- und Termintransaktionen einerseits und Optionsprodukte andererseits. Im Folgenden sollen die wichtigsten der am Markt beobachteten Währungssicherungsinstrumente dargestellt werden:

7.1 Termingeschäft

Das Termingeschäft stellt eine eindeutige Kalkulationsbasis für den Exporteur oder Importeur dar. Es verpflichtet aber zur Erfüllung am Fälligkeitstag, wodurch mögliche Vorteile einer Wechselkursentwicklung zugunsten des Unternehmens aufgegeben werden.

Ein in US$ fakturierender deutscher Exporteur hat eine US$ Long Position. Sein Risiko besteht darin, daß der US$/DEM-Wechselkurs fällt und er für seine US$ nun weniger DEM bekommt. Auf der anderen Seite hat der Exporteur einen Vorteil, wenn der US$-Kurs steigt. Der Abschluß eines Devisentermingeschäftes bietet ihm eine klare Kalkulationsgrundlage. Aus diesem Grunde dient der Devisenterminkurs auch immer als Vergleichsmaßstab der im Folgenden dargestellten alternativen Strategien. Der Nachteil des Devisentermingeschäftes liegt darin, an einem möglichen US$ Anstieg nicht zu partizipieren.

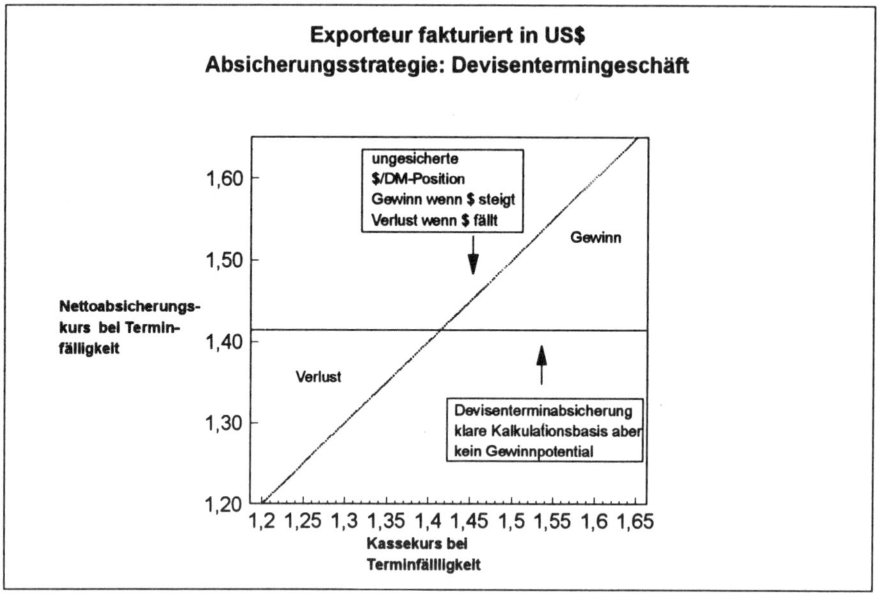

Abb. 4: Ungesicherte Devisenposition und Devisentermingeschäft

7.2 Optionen

Optionen verbinden für das Unternehmen eine klare Kalkulationsbasis mit der Möglichkeit an vorteilhaften Marktveränderungen zu partizipieren. Ein weiterer Vorteil der Optionen liegt darin, daß auch das Hedging unsicherer Zahlungsströme möglich wird, da kein Zwang zur Erfüllung der Option besteht. An die Stelle der traditionellen Absicherungsstrategie tritt ein Währungsrisikomanagement, das Chancen erhält und Risiken bis auf den Verlust der Optionsprämie eliminiert.

Der Käufer einer Option hat das Recht, aber nicht die Pflicht, den Optionskontrakt zu erfüllen. Wenn der Markt sich zugunsten des Unternehmens entwickelt hat, kann der Käufer der Option diese wertlos verfallen lassen und stattdessen eine vorteilhaftere Kassetransaktion durchführen. Es gibt zwei Typen von Optionen: Kauf- und Verkaufsoptionen. Alle Optionsstrategien, und seien sie auch noch so komplex, basieren auf diesen beiden Grundtypen.

Eine Währungskaufoption gibt dem Käufer die Möglichkeit, eine Währung zu einem bestimmten Kurs (Strike-Preis) an einem bestimmten Tag (europäische Option) oder während einer bestimmten Periode (amerikanische Option) vom Optionsverkäufer zu erwerben. Optionslaufzeiten variieren zwischen 1 Tag und mehreren Jahren. Die größten Umsätze finden jedoch im 3-Monatsbereich statt. Der Käufer einer Verkaufsoption hat das Recht, dem Verkäufer der Option eine bestimmte Währung zu einem heute fixierten Kurs anzudienen.

Der Käufer einer Option transferiert somit auf Wunsch seine ungewollten Währungsrisiken auf den Stillhalter der Option. Als Gegenleistung für die Risikoübernahme erhält der Verkäufer (Stillhalter) bei Abschluß der Transaktion eine Optionsprämie. Die Höhe dieser Prämie hängt von einer Reihe von Faktoren ab:

- dem Kurs, zu dem der Käufer gesichert sein möchte (Strike-Preis),
- der Optionslaufzeit,
- den Zinssätzen in den jeweiligen Währungen,
- der Volatilität als erwartete Schwankungsintensität des Kurses.

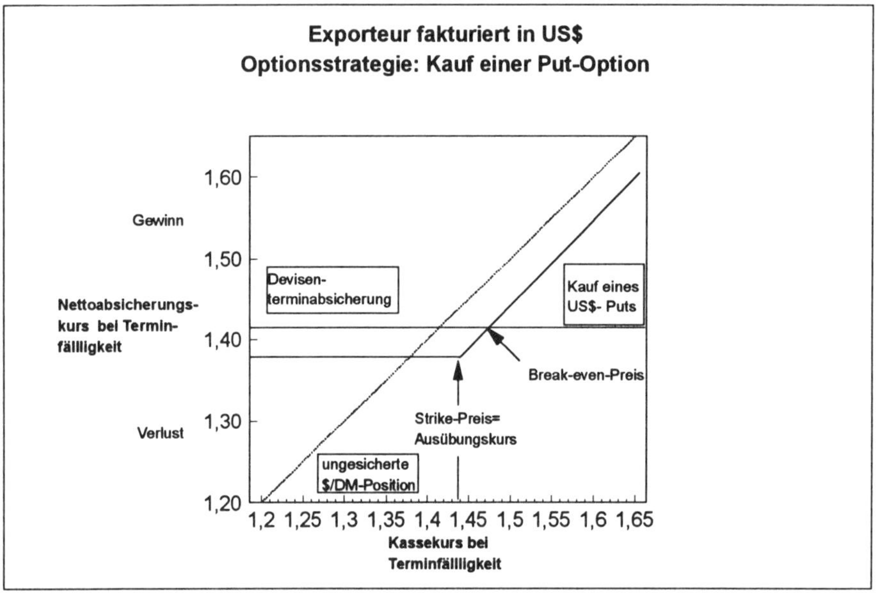

Abb. 5: US$ Put-Option

Alternativ zur Terminabsicherung hat der Exporteur also auch die Möglichkeit, eine Option zu kaufen. Die obige Abbildung veranschaulicht den Gewinn und Verlust einer gekauften US$ Put-Option (identisch mit einer DM Call-Option) im Vergleich zu einer ungesicherten Position und dem Devisentermingeschäft. Bei Abschluß der Option zahlt der Optionskäufer eine Prämie. Liegt der US$/DEM-Kurs bei Fälligkeit der Option (X-Achse) unter dem vereinbarten Strike-Preis, wird der Optionskäufer seine Option ausüben und die US$ zum vereinbarten Strike-Preis an den Optionsstillhalter verkaufen. Sein in DEM ausgedrücktes Gesamtergebnis liegt nach Berücksichtigung der Optionsprämie unter dem Terminkurs. Liegt der Währungskurs bei Fälligkeit über dem Strike-Preis wird der Optionskäufer seine Option nicht ausüben, sondern die US$ direkt am Markt verkaufen. In diesem Fall führt die vorteilhafte Marktbewegung zu einem höheren Ertrag als der Terminkurs. Die Höhe der zu zahlenden Optionsprämie ist in diesem Beispiel umso höher,

- je höher der gewählte Strike-Preis liegt,
- je länger die Optionslaufzeit ist,
- je höher der US-Zins / je niedriger der DM-Zins, d.h. je niedriger der Forward-Preis ist,
- je höher die Volatilität ist.

7.3 Optionskombinationen (-pakete)

Gekaufte Optionen weisen bei festgelegtem Absicherungsniveau ein unbegrenztes Gewinnpotential auf. Ein Unternehmen kann diesen Vorteil dahingehend nutzen, indem es z.B. durch den Verkauf einer Option das unbegrenzte Gewinnpotential limitiert oder das festgelegte Absicherungsniveau ab einer bestimmten Grenze wieder freigibt. Dies ermöglicht es dem Unternehmen, Optionsprämien zu generieren, um die Optionsprämienaufwendungen zu reduzieren. Dieses Verhalten reflektiert die Neigung von Industrieunternehmen, den Aufwand für Optionsprämien möglichst gering zu halten.

Um den Komplexitätsgrad der diversen Optionsstrategien zu reduzieren, verkaufen Banken Optionspakete. Einige dieser Optionskombinationen sollen im Folgenden veranschaulicht werden.

Cylinder:
In unserem Beispiel könnte das Unternehmen z. B. den Kauf der Put-Option mit dem gleichzeitigen Verkauf einer Call-Option verbinden. Hierbei liegt der Strike-Preis der verkauften Call-Option über dem Strike Preis der gekauften Put-Option. Insbesondere der Verkauf von Optionen wird in vielen deutschen Unternehmen noch als hoch spekulativ angesehen. Solange der Verkauf von Optionen jedoch im Zusammenhang mit einer wohldurchdachten Hedgestrategie und meistens im Zusammenhang mit dem gleichzeitigen Kauf anderer Währungsoptionen steht, ist das Risiko limitiert. Als hoch spekulativ sind Optionsverkäufe nur einzustufen, wenn sie ausschließlich der Generierung von Prämien dienen sollen.

Liegt der Wechselkurs bei Optionsfälligkeit zwischen Break-Even-Kurs und Call-Options-Strike, ist diese Strategie dem reinen Terminverkauf der US$ überlegen. Steigt er über den Strike-Preis des Calls, wird der Käufer der Call-Option die US$ zum vereinbarten Strike-Preis vom Exporteur kaufen. Durch den gleichzeitigen Verkauf der Call-Option hat der Exporteur sein mögliches Gewinnpotential bei einer starken Marktbewegung nach oben begrenzt.

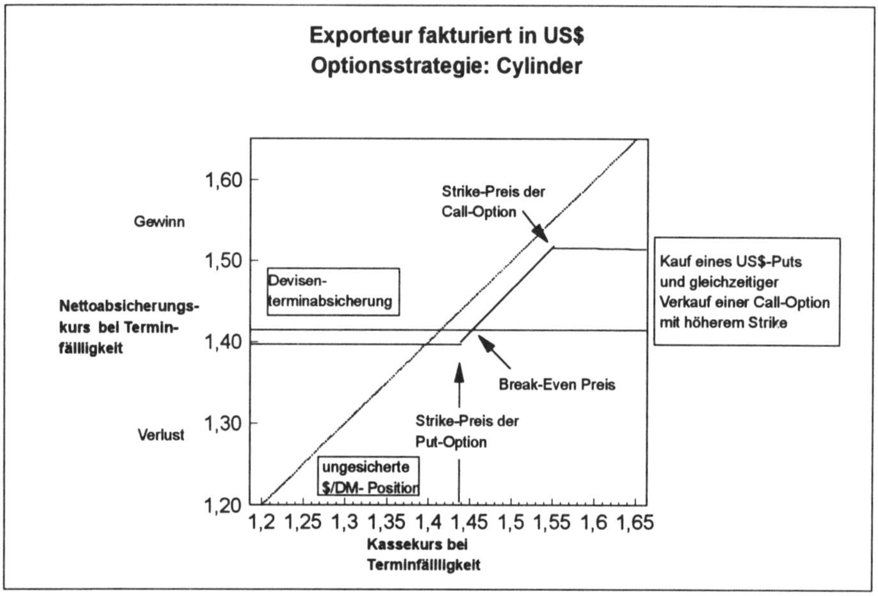

Abb. 6: Cylinder

Entscheidet sich ein Unternehmen für den Abschluß eines Cylinders, so wird es bei seiner Bank nach zwei von drei der folgenden Parameter fragen: dem Strikepreis der Put-Option, dem Strikepreis der Call-Option oder der aufzuwendenden Prämie. Typischerweise spezifizieren Unternehmen die aufzuwendende Prämie und den Strikepreis des Puts. Die Bank quotiert dann den Strike-Preis des Calls. Der Vorteil dieser Strategie liegt darin, daß sie mit nur sehr kleinem oder gar keinem Prämienaufwand verbunden ist.

Corridor:

Alternativ zu der obigen Strategie kann der Optionskäufer eine Reduzierung der Put-Options-Prämie auch erreichen, indem er die Absicherung nach unten begrenzt, indem er z.B. eine Put-Option mit niedrigerem Strikepreis verkauft. Der Absicherungscharakter des Corridors ist damit im Gegensatz zum Cylinder auf die Differenz zwischen den beiden Put-Options-Strikepreisen begrenzt. Diese teilweise Aufgabe der Absicherung sollte jedoch nur in Märkten mit geringer Volatilität durchgeführt werden.

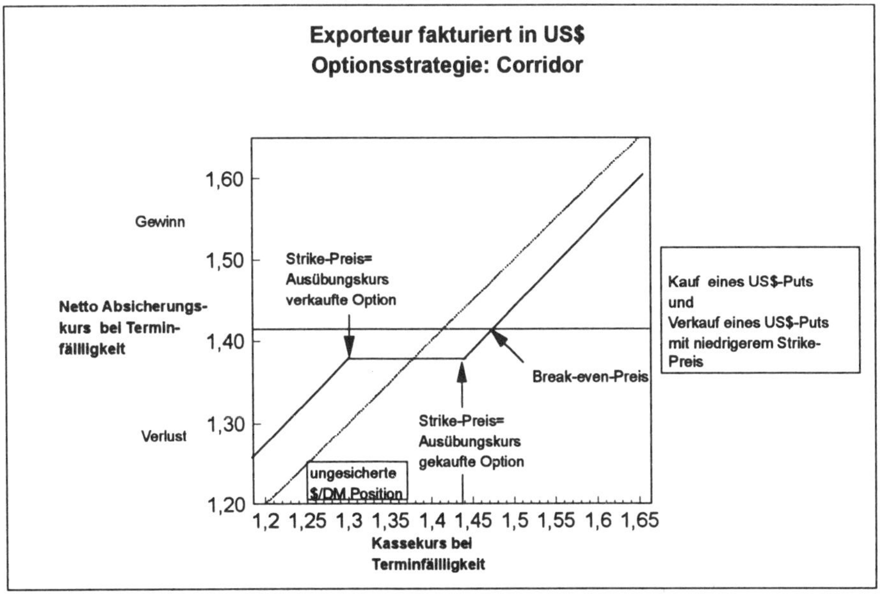

Abb. 7: Corridor

Soll die Höhe der zu zahlenden Optionsprämie beibehalten werden und gleichzeitig die Wahrscheinlichkeit einer Ausübung aus der geschriebenen Option verkleinert werden, indem der Strikepreis weiter nach unten gedrückt wird, so geht dies einher mit einer Erhöhung des Nominalbetrages der geschriebenen Option. Kommt es nun zu einer Ausübung der geschriebenen Option, so werden die Vorteile aus der gekauften Option durch die Hebelwirkung schnell aufgezehrt. Auch wenn eine Ausübung bei Abschluß der Transaktion als sehr unwahrscheinlich angesehen werden kann, so sind an den Devisenmärkten immer wieder große Preissprünge zu beobachten. Im Rahmen einer klassischen Hedgestrategie sollten derartige Positionen vermieden werden.

Forward-Reversing-Option:

Die Forward-Reversing-Option stellt eine Kombination zwischen Devisentermingeschäft einerseits und einer Option andererseits dar. In unserem Beispiel verkauft das Unternehmen die US$ auf Termin. Gleichzeitig kauft das Unternehmen eine US$-Call-Option mit einem Strike über dem aktuellen Forwardpreis. Die Optionsprämie wird auf den Fälligkeitstag des Devisentermingeschäftes aufgezinst und im Forwardpreis verrechnet.

Steigt nun der US$ bei Fälligkeit auf ein Niveau oberhalb des Terminkurses, so fällt beim Unternehmen ein Opportunitätsverlust in Höhe der Differenz zwischen Termin- und Kassekurs an. Durch den Kauf der Forward-Reversing-Option ist dieser Opportunitätsverlust jedoch auf die Differenz zwischen Terminkurs und Strike-Preis der Option begrenzt, da Opportunitätsverluste des Termingeschäftes durch Gewinne aus der Optionsausübung kompensiert werden.

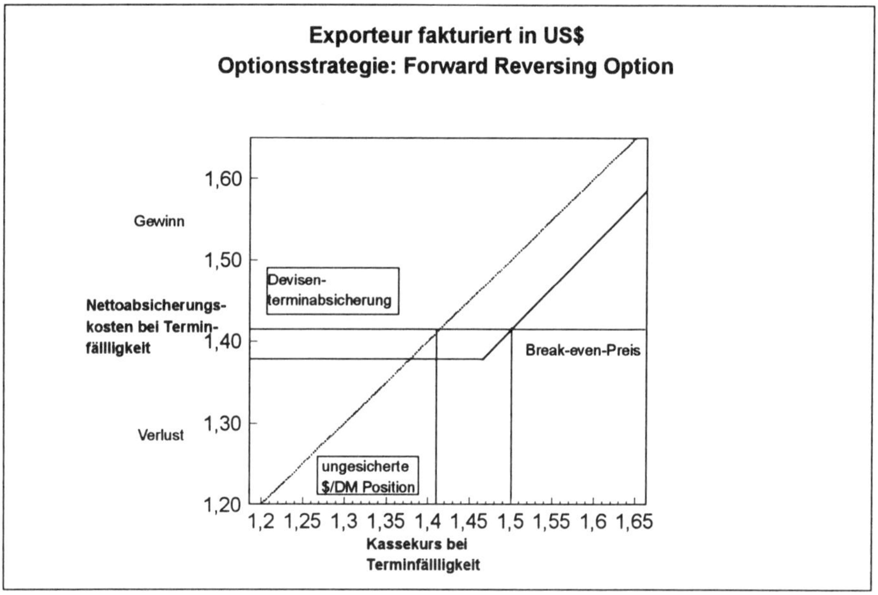

Abb. 8: Forward Reversing Option

Dieses Schaubild entspricht genau der Abbildung 5, in der der Kauf einer Put-Option dargestellt wurde. Dies verdeutlicht, daß das Risikoprofil der Kombination aus Terminverkauf und gekaufter Call-Option dem Risikoprofil einer gekauften Put-Option entspricht. Der einzige Unterschied gegenüber der in Abbildung 5 dargestellten Struktur liegt darin, daß die Optionsprämie 1) erst bei Fälligkeit der Option gezahlt wird und 2) im Devisenterminkurs verrechnet wird.

7.4 Exotische Optionen

Exotische Optionen oder auch Optionen der zweiten Generation zeichnen sich dadurch aus, daß ein oder mehrere Parameter der oben dargestellten Standardoptionen variiert werden. Wichtig bei der Entwicklung neuer Produkte ist die Akzeptanz, die die Produkte im Markt erfahren. Mangelnde Akzeptanz führt zu mangelnder Liquidität und bedeutet letztendlich das Ende für das Produkt. Viele Auguren haben eine mangelnde Liquidität für einen großen Teil der derivativen Finanzprodukte vorhergesagt. Die Praxis hat jedoch gezeigt, daß eine Auswahl an exotischen Optionen nach gewissen Lernprozessen eine breite Akzeptanz im Markt gefunden hat. Insbesondere haben sich Produkte im Bereich des Währungsmanagements wie Average-Rate-Optionen, Barrier-Optionen oder Compound-Optionen auf dem Markt nachhaltig etabliert.

Hiervon abgesondert haben sich die „Liquiditätsopfer" oder auch sogenannte „Eintagsfliegen", die wir in Form von einigen mehr oder weniger exotischen Abwandlungen gesehen haben. Dieser Prozeß wird weiter fortgeführt werden und den Filter für eine optimale Verbreitung der derivativen Instrumente darstellen. Somit garantiert der Markt automatisch eine ausreichende Liquidität für die „gefilterten" Instrumente und begrenzt damit einen wichtigen Risikoaspekt.

Average-Rate-Option:
Die Ausübung einer traditionellen Währungsoption hängt vom aktuellen Wechselkurs bei Fälligkeit der Option (europäisch) oder während der Laufzeit der Option (amerikanisch) ab.

Bei der Average-Rate-Option, die auch Asian-Option genannt wird, wird nicht der aktuelle Kurs bei Fälligkeit ein Ausübungskriterium sein, sondern vielmehr das arithmetische Mittel einer vorher spezifizierten Anzahl von Wechselkursen während der Laufzeit der Option. Der Käufer der Option legt fest, ob dieser Durchschnitt aus täglichen, wöchentlichen, monatlichen oder vierteljährlichen Kursen gebildet wird. Während bei Ausübung traditioneller Optionen die Währungsbeträge effektiv fließen, wird bei der Average-Rate-Option bei Ausübung nur die Differenz zwischen dem Strikepreis und dem berechneten Durchschnittswechselkurs vom Stillhalter an den Käufer bezahlt.

Die Average-Rate-Option wird dann eingesetzt, wenn eine Serie von Währungsströmen, die z.B. aus dem kontinuierlichen Export oder Import von Waren resultieren, mit nur einem Absicherungsinstrument abgesichert werden sollen. Das absichernde Unternehmen wird die eingehenden Währungsströme direkt in der Kasse glattstellen und gleichzeitig über die Gesamtsumme der Währungsposition eine Average-Rate-Option erwerben. Vom Absicherungscharakter her entspricht der Kauf einer Average-Rate-Option dem Kauf einer Vielzahl auf die einzelnen Zahlungsströme abgestimmter Einzeloptionen. Der zu zahlende Preis liegt aber aufgrund recht komplexer mathematischer Zusammenhänge deutlich unter der Summe der Einzeloptionen (ca. 30%). Die Average-Rate-Option bietet sich auch als idealer Hedge gegen ökonomische Risiken an. Die auslösenden Faktoren für ökonomische Risiken sind nicht einzelne Tagesschwankungen der Wechselkurse, sondern vielmehr die durchschnittliche Wechselkursentwicklung über einen längeren Zeitraum.

Barrier-Option:

Bei einer Barrier-Option handelt es sich um eine Standardoption, deren Wirksamkeit jedoch von einer weiteren Optionskomponente, der Barrier, abhängig ist. Wird während der Laufzeit der Option ein bei Abschluß vereinbarter Kassakurs (Barrier) erreicht, wird die Option entweder wertlos (Knock-Out) oder tritt überhaupt erst in Kraft (Knock-In).

Ein Exporteur, der in US$ fakturiert, möchte sich gegen ein Absinken des Wechselkurses absichern. Eine Sicherungsstrategie wäre der traditionelle Kauf einer US$-Put-Option. Um den Prämienaufwand zu reduzieren, vereinbart er mit seinem Kontrahenten, daß er die Option nicht mehr benötigt (Knock-Out), wenn der US$-Kurs über ein bestimmtes Niveau steigt. Der Warenimporteur, der US$ zahlen muß, wird sich eine Call-Option mit einer Knock-In Barrier kaufen, um seinen Prämienaufwand zu reduzieren.

Das ideale Umfeld für den Einsatz von Barrier-Optionen sind Märkte, deren Kursentwicklung einem „eindeutigen“ Trend folgen. Der Einsatz von Barrier-Optionen ist aber auch mit Nachteilen verbunden:

Das Knock-Out-Kriterium, daß zu einem unbestimmten Zeitpunkt während der Optionslaufzeit eintreten kann, führt zu einer ungesicherten Grundposition. Würde der US$ in obigem Beispiel nach Erreichen der Knock-Out Barriere wieder kräftig fallen, so hätte das Unternehmen keine Absicherung mehr. Der Einsatz von Barrier-Optionen muß deswegen immer mit einer Strategie für den Fall des Erreichens der Barrier einher gehen (z.B. sofortiger Verkauf der US$ auf Termin). Dies setzt jedoch eine permanente Präsenz am Markt voraus.

Die Prämienersparnis hängt desweiteren natürlich vom Niveau der Barrier ab. Je näher die Knock-Out-Barrier am aktuellen Kurs liegt, um so größer ist die Ersparnis, aber um so größer ist natürlich auch die Wahrscheinlichkeit eines Erreichens der Barrier. Je weiter weg die Knock-In-Barrier gesetzt wird, um so billiger wird die Option, aber um so unwahrscheinlicher wird ihr Eintritt und damit die Wirksamkeit des Absicherungsinstruments.

Compound-Option:

Traditionelle Optionen beziehen sich auf den Kassekurs zu einem bestimmten Zeitpunkt. Die Bezugsgröße einer Compound-Option ist nicht der Kassekurs, sondern eine Option auf einen Kassekurs. Es handelt sich hierbei also um eine Option auf eine Option. Die Spezifikationen der zugrundeliegenden Call- oder Put-Option und deren Preis werden bei Abschluß der Compound-Option festgelegt. Eingesetzt werden Compound-Optionen z.B. im Bereich des Anlagenbaus. Während der Bietungsphase weiß das Unternehmen nicht, ob es den Zuschlag für den in ausländischer Währung fakturierten Auftrag erhält. Seine Preisabgabe ist aber verbindlich. Kommt es zur Auftragserteilung hat das Unternehmen eine Währungsposition. In diesem Fall bietet sich der Kauf einer Option auf den Erwerb einer Put-Option an.

Der Prämienaufwand für die Compound-Option liegt deutlich unter dem Prämienaufwand der klassischen Option. Kommt es zur Auftragserteilung und die Wechselkurse haben sich zum Nachteil des Exporteurs entwickelt, wird die Compound-Option ausgeübt. Da nun jedoch auch die Prämie für die zugrundeliegende Option gezahlt werden muß, sind die Absicherungskosten insgesamt höher. Kommt es nicht zur Auftragserteilung, wurde der Aufwand für mögliche Risiken minimiert.

8 Zusammenfassung

Wechselkursrisiken lassen sich beherrschen. Die Vorteile, die sich für Unternehmen aus dem Management ihres Währungsexposures über Währungsoptionen ergeben, führen zu einer reduzierten Bedeutung der traditionellen Sicherungsinstrumente. International aktive Unternehmen sichern heute schon weit mehr als 50% ihres Währungsexposures über Devisenoptionen ab.

Die Frag,e welche Instrumente wann und in welchem Umfang vom einzelnen Unternehmen eingesetzt werden, kann nicht allgemeingültig beantwortet werden. Zwei Unternehmen mit ähnlichem Währungsexposure können durchaus unterschiedliche Instrumente zur Kurssicherung einsetzen, da sowohl ihre Marktmeinung als auch ihre Risikobereitschaft variieren können. Die derivativen Instrumente gewährleisten durch ihre Vielfalt und Variationsmöglichkeiten eine individuelle Optimierung der Sicherungsstrategie.

9 Literaturverzeichnis

Baxmann, U.G./Weichsler, C.: Finanz- und Risikomanagement unter besonderer Berücksichtigung von Finanzderivaten, in: Wirtschaftswissenschaftliches Studium 1/1993, S. 9-14

Galitz, Lawrence: Financial Engineering, in: The Financial Times/Pitman Publishing Series 1995, S. 185-451

Heidorn, T./Bruttel,H.: Treasury Management, Wiesbaden 1993

Schwabe, Joachim: Fremdwährungs-Management-Arbeit, nicht Wissenschaft, in: Zeitschrift Treasury Log 1993, S. 6-11

Zwiker, Albert R.: Währungsstrategie: Für schweizer Unternehmen ein Pflichtfach, in: Management Zeitschrift 3/1989, S.38-41

Aktuelle Fragen der Bewertung und Bilanzierung von Finanzinnovationen

Wolfgang Elkart

Mitglied des Vorstandes der Schitag Ernst & Young
Deutsche Allgemeine Treuhand AG

1 Einleitung

Der Begriff "Finanzinnovationen" ist in Wissenschaft und Praxis nicht exakt abgegrenzt. Es gibt eine Reihe unterschiedlicher Definitionsversuche und -ansätze. Häufig wird die Begriffsbestimmung durch eine nach unterschiedlichen Kriterien systematisierte, mehr oder weniger vollständige, Aufzählung einzelner als Finanzinnovationen angesehener Instrumente vorgenommen (Scharpf, 1995, S. 166). Dabei werden z.T. Instrumente als Finanzinnovationen klassifiziert, die in ihrer bilanziellen Handhabung weitgehend unproblematisch sind oder wegen ihres reinen Dienstleistungscharakters in der Regel keine bewertungsmäßigen Konsequenzen haben (z.B. Portfolio-Management, Electronic Banking).

Im derzeitigen Sprachgebrauch werden die neuen Finanzinstrumente zunehmend als derivative Finanzinstrumente (Derivate) und, um ihre Neuartigkeit gegenüber den traditionellen Finanzinstrumenten zu betonen, als Finanzinnovationen bezeichnet.

Die Diskussion über Derivate hat sich in den letzten Monaten versachlicht. Über deren Nutzen besteht mittlerweile Einigkeit. Bei umsichtiger Anwendung sind sie eine rationelle und effektive Möglichkeit für die Verminderung bestimmter Risiken durch Absicherung sowie zur Verringerung von Finanzierungskosten (Scharpf, 1995, S. 167).

Die gestiegenen Volumina, die Vielzahl der Transaktionen sowie die Komplexität einzelner Geschäfte haben neben gestiegenen Erträgen auch eine Erhöhung der Risiken mit sich gebracht. Mit den gestiegenen Risiken sind auch die Anforderungen an das interne Kontrollsystem hinsichtlich Risikosteuerung und -überwachung gewachsen (Beckmann/Bors, 1990, S. 563).

Voraussetzung für eine wirksame Risikosteuerung ist eine schriftlich fixierte Ordnung des Derivategeschäfts, die durch die Festlegung der Arbeitsabläufe und Arbeitsplatzbeschreibungen eine klare funktionale Trennung zwischen vollziehenden, verwaltenden und buchenden Funktionen gewährleistet (Scharpf, 1995, S. 175). Die Funktionsfähigkeit des Buchführungs- und Kontrollsystems hängt wesentlich davon ab, daß durch wirksame Funktionsbeschreibungen und Funktionstrennungen sichergestellt ist, daß bei der Bearbeitung von Geschäftsvorfällen unvereinbare Tätigkeiten nicht in einer Person oder Abteilung zusammengefaßt sind. Tätigkeiten sind immer dann unvereinbar, wenn sie es ermöglichen würden, Fehler oder betrügerische Handlungen sowohl zu veranlassen als auch zu verschleiern. Daher müssen die Funktionen Handel, Abwicklung und Kontrolle, Rechnungswesen sowie Überwachung stets getrennt sein.

Bei der Bilanzierung von Grundgeschäften einerseits und Sicherungsgeschäften z.B. in Form von Swaps, Optionen, Futures usw. andererseits kommt es bei strenger Einzelbewertung regelmäßig dazu, daß unabhängig von der künftigen Entwicklung der Zinsen und Kurse stets ein Verlust auszuweisen ist.

Die Unternehmensleitung hat sich eher auf das wirtschaftliche als auf das bilanzielle Ergebnis zu konzentrieren. Dies bedeutet, daß sich die Absicherungsmaßnahmen des Risikomanagements im Regelfall auf das wirtschaftliche und erst in zweiter Linie auf das bilanzielle Risiko richtet. Daraus folgt für die Bilanzierung, daß Wege gefunden werden müssen, den wirtschaftlich gewollten und tatsächlich auch erreichten Absicherungszusammenhang in der Bilanz zutreffend darzustellen. Der möglichst sichere Einblick in die Vermögens-, Finanz- und Ertragslage - nicht nur im Rahmen anzuwendender GoB, sondern gerade auch als Abbild der tatsächlichen wirtschaftlichen Entwicklung - gewinnt hierzulande nämlich zunehmend an Gewicht.

Zur Lösung dieser Problematik wird daher zwischen Grund- und Sicherungsgeschäften eine Bewertungseinheit gebildet. Aktiva und Passiva sowie schwebende Geschäfte werden zu einer Einheit zusammengefaßt und bilden als (Bewertungs-) Einheit den Gegenstand der Einzelbewertung.

Das Spannungsfeld der verschiedenen Grundsätze ordnungsmäßiger Bilanzierung soll hier anhand eines Beispiels - nämlich der Financial Futures - aufgezeigt werden.

2 Die Rechnungslegungsvorschriften für Finanzderivate

2.1 Grundsätze ordnungsmäßiger Bilanzierung

Die Bilanzierung und Bewertung derivativer Finanzinstrumente richtet sich zunächst nach den allgemeinen Grundsätzen der §§ 246 ff. HGB. Das HGB kodifiziert eine Reihe von allgemeinen Bilanzierungsgrundsätzen, von denen für die Bilanzierung der innovativen Finanzinstrumente insbesondere folgende von zentraler Bedeutung sind:

- Grundsatz der Vollständigkeit (§ 246 Abs. 1 HGB) und das
- Verrechnungsverbot (§ 246 Abs. 2 HGB).

Daneben enthält das HGB eine Reihe von Ansatzvorschriften, die auch bei der Bilanzierung von innovativen Finanzinstrumenten zu beachten sind. Dazu gehören insbesondere die Vorschriften über:

- Rückstellungen für drohende Verluste aus schwebenden Geschäften (§ 249 HGB).

Bei der Bewertung im Jahresabschluß sind die folgenden allgemeinen Grundsätze zu beachten:

- Grundsatz der Einzelbewertung (§ 252 Abs. 1 Nr. 3 HGB),
- Grundsatz der Vorsicht (§ 252 Abs. 1 Nr. 4 HGB) sowie
- Grundsatz der Bewertungsstetigkeit (§ 252 Abs. 1 Nr. 6 HGB).

Diese Grundsätze haben Allgemeingültigkeit und gewährleisten, daß gleich zu beurteilende Sachverhalte grundsätzlich in allen Branchen auch den gleichen Niederschlag im Jahresabschluß finden (vgl. Prahl/Naumann, 1991, S. 730; Benne, 1979, S. 1655).

Für einzelne Branchen können sich dennoch besondere GoB entwickeln, wenn einzelne Geschäfte bzw. Geschäftstypen zu beurteilen sind, die so in anderen Branchen keine Anwendung finden, d.h. die GoB sind in ihrer jeweiligen branchentypischen Ausprägung zu sehen. Dies kann darauf beruhen, daß in einer Branche besonders häufige Geschäftsvorfälle einschlägig werden (z.B. Devisengeschäfte bei Kreditinstituten) oder bestimmte Fragestellungen nur für bestimmte Branchen relevant sind (z.B. die Portfolio-Bewertung von Handelsaktivitäten der Kreditinstitute). Es handelt sich dabei aber nicht um branchenspezifische, sondern um geschäftsspezifische GoB (vgl. Finne, 1991, S. 1301; Finne, 1992, S. 339).

Hier ist der Grundsatz "Same Business - Same Risk - Same Regulation", der derzeit im Zusammenhang mit den Regelungen der Bankenaufsicht auf europäischer Ebene diskutiert wird (vgl. Rudolph, 1994, S. 117), entsprechend anzuwenden. Dies bedeutet, daß die für die Bilanzierung bei Kreditinstituten entwickelten Grundsätze ordnungsmäßiger Bilanzierung und Bewertung auch auf die Bilanzierung von derivativen Finanzinstrumenten bei anderen Unternehmen gleichermaßen anzuwenden sind, wenn diese die betreffenden Geschäfte

- in gleichem Umfang und
- auf die gleiche Art und Weise betreiben sowie
- die aus diesen Geschäften resultierenden Risiken entsprechend ermitteln und steuern (Risikomanagement).

Klarstellend sei erwähnt, daß dies auch dann gelten muß, wenn diese Unternehmen verschiedenen Branchen (Kreditinstitute, Industrieunternehmen, Versicherungen) angehören.

Zu Recht wird gelegentlich darauf hingewiesen, daß es dem Willen des Gesetzgebers widersprechen würde, wenn man rechtsform-, größen- und branchenabhängige GoB schaffen wollte. Auf die GoB wird sowohl in den allgemeinen Vorschriften für alle Kaufleute, als auch in den ergänzenden Vorschriften für Kapitalgesellschaften hingewiesen, ohne daß ein Unterschied erkennbar ist. Ferner sind die handelsrechtlichen GoB nach § 5 EStG auch für die Steuerbilanz maßgeblich, und das Steuerrecht kennt keine Unterscheidung nach Rechtsformen bzw. Branchen.

2.2 Finanzderivate sind schwebende Geschäfte

Financial Futures und andere derivative Finanzinstrumente sowie herkömmliche Termingeschäfte sind schwebende Geschäfte. Es handelt sich um sog. bilanzunwirksame Geschäfte.

Für schwebende Geschäfte gibt es keine Legaldefinition. Schwebende Geschäfte sind zweiseitig verpflichtende Verträge, die auf Leistungsaustausch gerichtet und von dem, der zu leisten hat, noch nicht erfüllt sind. Es kann sich sowohl um Anschaffungsgeschäfte als auch um Veräußerungsgeschäfte handeln. Dauerschuldverhältnisse sind ebenfalls schwebende Geschäfte, wenn beide Seiten verpflichtet sind, in der Zukunft weiterhin Leistungen zu erbringen.

Financial Futures unterliegen den gleichen Bilanzierungsgrundsätzen wie allgemeine schwebende Geschäfte. Zu bilanzieren sind grundsätzlich nur Margins und ggf. Rückstellungen für drohende Verluste aus schwebenden Geschäften.

Ebensowenig, wie es eine Legaldefinition des schwebenden Geschäfts gibt, existieren auch keine direkten gesetzlichen Bestimmungen zur bilanziellen Behandlung dieser Geschäfte. Ansprüche und Verpflichtungen aus schwebenden Geschäften sind nach den GoB grundsätzlich nicht zu bilanzieren.

Das Realisationsprinzip schreibt vor, daß Gewinne (und Verluste) erst dann realisiert sind, wenn der zur Lieferung oder Leistung verpflichtete Vertragspartner erfüllt hat. Nach dem Imparitätsprinzip sind nicht realisierte Verluste zu antizipieren. Dieses wird durch das Gebot des § 249 Abs. 1 HGB konkretisiert, der die Bildung von Rückstellungen für drohende Verluste aus schwebenden Geschäften verlangt.

Rückstellungen für drohende Verluste aus derivativen Geschäften sind grundsätzlich nach den allgemeinen Grundsätzen zu ermitteln. Entscheidend für die Ermittlung der Höhe eines Verlustes ist die Frage, ob zwischen schwebenden Geschäften bzw. zwischen schwebenden Geschäften und bilanzierten Aktiva oder Passiva eine Bewertungseinheit besteht.

2.3 Aufzeichnungspflichten

Bei schwebenden Geschäften sind organisatorische Vorkehrungen zu treffen, um die lückenlose Buchung sicherzustellen. Aus der Pflicht zur Führung von Grundbüchern und der Pflicht zur Passivierung von Rückstellungen für drohende Verluste aus schwebenden Geschäften (§ 249 Abs. 1 HGB) ergibt sich die zwingende Notwendigkeit, sämtliche schwebenden Geschäfte mit ihren wesentlichen Vertragsbestandteilen in Nebenbüchern vollständig zu erfassen. Eine Erfassung im Hauptbuch scheidet aus (es handelt sich um sog. bilanzunwirksame Geschäfte).

Die grundsätzlich in Frage kommenden Formen der Memo-Buchhaltung sind (vgl. Scharpf, 1995, S. 172):

- Spezielle Memo-Konten, in der die Ansprüche und Verpflichtungen, die aus den (schwebenden) derivativen Geschäften resultieren und in der Form einer doppelten Buchhaltung aufgezeichnet werden, findet man insbesondere bei einem großen Volumen an außerbilanziellen Geschäften. Hier ist in der Regel auch ein ausgeprägtes Risikomanagement erforderlich.

- Die einfachere Art der Aufzeichnung in Form von Bestandsdateien, Fälligkeitslisten und anderen sog. Sortierdateien wird regelmäßig mittels eines Personalcomputers und Tabellenkalkulations- und Datenbankprogrammen (PC-Insellösung) realisiert. Diese Form der Memo-Buchhaltung ist dann angebracht, wenn zwar kein großes off-balance-sheet-Volumen besteht, aber regelmäßige Geschäftsabschlüsse mit einer größeren Zahl von Instrumenten oder Kontrahenten getätigt werden.

- Die einfachste Art und Weise der Erfassung derivativer Geschäfte ist die geordnete und vollständige Ablage der einzelnen Verträge. Dies kann beispielsweise nach Fälligkeitsterminen oder Kontrahenten erfolgen. Ausreichend im Sinne einer Erfassung in Nebenbüchern ist die geordnete Ablage der Verträge aber lediglich dann, wenn nur vereinzelt Geschäftsabschlüsse getätigt werden oder sich die Geschäfte auf wenige Produkte beziehen.

2.4 Die Bildung von Bewertungseinheiten

2.4.1 Grundsätzliche Überlegungen

Problematik der traditionellen Bilanzierungsgrundsätze

Bei der Bilanzierung von Grundgeschäften einerseits und Sicherungsgeschäften in Form von Financial Futures (Swaps, Optionen, Termingeschäften usw.) andererseits kommt es bei strenger Einzelbewertung - wie oben bereits erwähnt - regelmäßig dazu, daß unabhängig von der künftigen Entwicklung der Zinsen und Kurse stets ein Verlust auszuweisen ist.

Der vorsichtige, d.h. das Risiko absichernde Kaufmann würde dadurch für seine Vorsicht in der Form bestraft, daß er im Gegensatz zum nicht sichernden Kaufmann (der nur das Grundgeschäft hat) stets einen Verlust zu verbuchen hätte. Die einseitige Bilanzierung in der Form der strengen imparitätischen Einzelbewertung kann darüber hinaus zu einer negativen Interpretation des Jahresabschlusses durch den Bilanzleser (Gesellschafter, Gläubiger, Investor) führen und dadurch für ein Unternehmen Probleme verursachen.

Lösung des Problems durch Bildung von Bewertungseinheiten

Das wirtschaftliche Umfeld des Bilanzierenden wird heute zunehmend durch die weiter fortschreitende Entwicklung des internationalen Handels, die Globalisierung der Märkte, gestiegene Volatilitäten und vermehrte Preisrisiken geprägt (vgl. Brackert/Prahl, Börsenzeitung, 25.10.1994). Dadurch werden die Geschäftspartner aller Branchen zu immer neuen Absicherungsstrategien gezwungen, deren Abbildung in der Rechnungslegung derzeit nur durch die Bildung von Bewertungseinheiten gelöst werden kann. Aktiva und Passiva sowie schwebende Geschäfte werden dabei zu einer Einheit zusammengefaßt und bilden als (Bewertungs-) Einheit den Gegenstand der Einzelbewertung.

Durch die Bildung einer Bewertungseinheit wird der oben beschriebene, unerwünschte und wirtschaftlich nicht vertretbare Verlustausweis vermieden, indem der nicht realisierte Verlust des einen Geschäfts mit dem nicht realisierten Gewinn des anderen Geschäfts (bis zur Höhe des

Verlusts) verrechnet wird. Eine Verlustberücksichtigung erfolgt mithin nur insoweit, als der Verlust durch den Gewinn nicht kompensiert wird.

Eine rein formale Anwendung des Einzelbewertungsgrundsatzes negiert zwar in derartigen Fällen die wirtschaftlichen Zusammenhänge bei der Bewertung am Abschlußstichtag. Andererseits darf aber nicht verkannt werden, daß die Zusammenfassung von Einzelobjekten zu einer Bewertungseinheit die Gefahr in sich birgt, daß potentielle Verluste mit potentiellen Gewinnen verrechnet werden, die in keinem oder nur sehr losem wirtschaftlichen Zusammenhang stehen (vgl. Burkhardt, 1988, S. 124).

Damit Mißbrauch bzw. Willkür ausgeschlossen sind, kann die Bildung von Bewertungseinheiten nur unter bestimmten Voraussetzungen, die den wirtschaftlichen Zusammenhang von Grund- und Sicherungsgeschäften hinreichend konkretisieren, vorgenommen werden. Es müssen folglich (objektive) Kriterien gefunden werden, die eben diesen wirtschaftlichen Zusammenhang konkretisieren.

Werden derivative Finanzprodukte zur Sicherung von Zins-, Währungs- oder sonstigen Preisrisiken eingesetzt, stellt sich also die Frage, ob diese als schwebende Geschäfte stets selbständige Bewertungseinheiten darstellen oder ob sie in bestimmten Fällen mit anderen Bewertungsobjekten zu größeren Einheiten zusammengefaßt werden können oder müssen.

Wahlrecht oder Pflicht?

Derzeit hat sich noch keine einheitliche Auffassung in der Frage gebildet, ob die Bildung von Bewertungseinheiten

- die zutreffende Interpretation des Einzelbewertungsgrundsatzes (§ 252 Abs. 1 Nr. 3 HGB) oder
- ein Fall des § 252 Abs. 2 HGB, dh. ein Wahlrecht, in begründeten Ausnahmefällen von den Grundsätzen des § 252 Abs. 1 HGB abzuweichen,

ist. Wird die Bildung von Bewertungseinheiten als wirtschaftlich gebotene Interpretation des Grundsatzes der Einzelbewertung aufgefaßt, besteht kein Wahlrecht, sondern eine Pflicht zur kompensierenden Bewertung. Sieht man hingegen in der Bewertungseinheit einen Ausnahmefall des § 252 Abs. 2 HGB, so besteht hinsichtlich der Ergebnisverrechnung von Grund- und Sicherungsgeschäft ein Wahlrecht. Diese Frage ist nach dem derzeitigen Stand der Diskussion noch offen (vgl. ebenso Krumnow § 340e HGB Rn. 152).

Im Schrifttum mehren sich jedoch die Stimmen, die sich für eine Pflicht zur kompensatorischen Bewertung bei bestehenden Bewertungseinheiten aussprechen (vgl. ua. Prahl/Naumann, 1994, S. 2; Benne, 1991, S. 2610). In der Stellungnahme des BFA zur Bilanzierung von Optionsgeschäften (BFA 2/1987, 1987, S. 683) wird noch von einem Wahlrecht ausgegangen, während in der Stellungnahme zur Bilanzierung und Prüfung von Financial Futures und Forward Rate Agreements (BFA 2/1993, 1993, S. 517) dann zwingend eine kompensierende Bewertung vorzunehmen ist, wenn Futures und Forward Rate Agreements nachweislich der Absicherung von Finanzposten dienen. In der Stellungnahme 2/1995 (WPg 1995, S. 421) spricht der BFA davon, daß wenn Optionsrechte nachweislich der Absicherung von Bilanzposten oder schwebenden Geschäften dienen, die Bewertungsgewinne bis zur Höhe der ihnen gegenüberstehenden Bewertungsverluste erfolgswirksam zu verrechnen sind. Danach ist bei Micro-Hedges von einer Kompensationspflicht auszugehen (Windmöller/Breker, 1995, S. 398).

Es ist nicht auszuschließen, daß die Entwicklung auf diesem Gebiet zur Herausbildung konkreter GoB führen wird, die das derzeit wohl noch bestehende Wahlrecht durch eine Pflicht zur kompensierenden Bewertung unter genau definierten Voraussetzungen ersetzen (Jutz, 1989, S. 110; Krumnow, 1994, § 340e HGB Rn. 101). Dafür spricht auch, daß im Falle eines Wahlrechts (§ 252 Abs. 2 HGB) heute "normale" Geschäfte nach Ausnahmevorschriften zu bewerten wären.

2.4.2 Kriterien für die Bildung von Bewertungseinheiten

Um die Aussagekraft und Sicherheit der Rechnungslegung zu gewährleisten, bedarf es für die Bildung von Bewertungseinheiten Kriterien, die gewährleisten, daß Bewertungseinheiten willkürfrei gebildet werden. Dabei ist zu fragen, welche Qualität die gegenseitigen Verknüpfungen aufweisen müssen, damit sie als Bewertungseinheit anerkannt werden können. Da willkürliche Verrechnungen unrealisierter Gewinne und Verluste und damit Umgehungen des

Imparitäts- und Realisationsprinzips vermieden werden müssen, sind an die Voraussetzungen der Bewertung nach den Grundsätzen der Bewertungseinheit strenge Anforderungen zu stellen. Dabei ist nach wirtschaftlichen und nicht nach formal-juristischen Kriterien vorzugehen.

(1) Bestehen eines Zins-, Währungs- oder sonstigen Preisrisikos

Die abzusichernde Position muß einem Zins-, Währungs- oder sonstigen Preisänderungsrisiko ausgesetzt sein, für das ein Sicherungsbedarf besteht (vgl. Schmekel, 1985, S. 1495). Dieses Risiko (Währungs-, Zins- oder sonstiges Preisrisiko) darf dabei nicht durch andere, bereits bestehende Aktiva, Passiva oder schwebende Geschäfte des Unternehmens ganz oder teilweise kompensiert werden.

Die Ermittlung des Zins-, Währungs- oder sonstigen Preisrisikos hat daher im Regelfall für das gesamte Unternehmen und für jede Risikoart separat zu erfolgen. Hierzu ist regelmäßig ein mehr oder weniger umfangreiches Risikomanagement erforderlich, das sämtliche (verschiedenartigen und komplexen) Einzelrisiken erfaßt und quantifiziert (und absichert). Falls es für ein Unternehmen praktisch nicht möglich ist, das einzelne abzusichernde Risiko für das Gesamtunternehmen zu ermitteln, kann die Bestimmung des Risikos auch nur auf bestimmte Unternehmensteile bezogen werden.

Für die kompensierende Bewertung ist ferner ausschlaggebend, daß die nicht realisierten Gewinne und Verluste quantifiziert werden können. Kann eine solche Quantifizierung nicht vorgenommen werden, kann eine Verlustkompensation nicht auf gesicherter Basis stattfinden, die Bildung einer Bewertungseinheit wäre also nicht zulässig.

(2) Herstellung eines wirtschaftlichen Zusammenhangs zwischen Grund- und Sicherungsgeschäften

Die Bilanzierung richtet sich danach, für welchen Zweck (Spekulation, globale Absicherung, Einzelsicherung oder Handel) ein derartiges Geschäft abgeschlossen wurde. Eine Grundvoraussetzung für den wirtschaftlichen Zusammenhang und damit für die kompensierende Bewertung ist, daß die einzelnen Geschäfte tatsächlich zum Zwecke des Zusammenwirkens abgeschlossen worden sind (Burkhardt, 1988, S. 144). Der Umfang, die Zulässigkeit und/oder der Zweck des Sicherungsgeschäfts werden dabei vom Grundgeschäft bestimmt.

Hierzu ist es erforderlich, daß das Unternehmen eine Sicherungsstrategie entwickelt und die Absicht hat, die Sicherung bzw. die Sicherungsstrategie für eine wirtschaftlich sinnvolle Zeit durchzuhalten. Die als Voraussetzung für eine Bewertungseinheit häufig geforderte "Durchhalteabsicht" wird hier dahingehend verstanden, daß der Sicherungszusammenhang aufgrund der Vorgaben der Sicherungsstrategie für die beabsichtigte bzw. für eine wirtschaftlich sinnvolle Zeitspanne durchzuhalten ist. Es muß hierfür eine Durchhaltewahrscheinlichkeit bestehen, und es darf kein widersprüchliches Verhalten in der Vergangenheit feststellbar sein.

Grund- und Sicherungsgeschäfte müssen - wie oben bereits erwähnt - bei Abschluß des Geschäfts oder bei Qualifizierung als Hedge als solche bestimmt werden. Eine Zuordnung nach dem Bilanzstichtag ist mithin nicht möglich.

(3) Hinreichende Konkretisierung der Gewinnchance

Eine Verlustkompensation darf nicht auf allgemeinen Gewinnerwartungen aufbauen. Sie muß sich vielmehr aus einem rechtsverbindlichen Deckungsgeschäft (Gegengeschäft) ableiten lassen (Burkhardt, 1988, S. 147).

Das Prinzip der hinreichenden Konkretisierung der Gewinnchancen kann als erfüllt angesehen werden, wenn die in einer Bewertungseinheit zusammenzufassenden Geschäfte rechtsverbindlich mit Dritten abgeschlossen worden sind. Antizipative Hedgegeschäfte sind damit grundsätzlich nicht zulässig. Da antizipative Hedges aber - beispielsweise bei Versicherungsunternehmen in der

Form der Vorkäufe - unter wirtschaftlichen Gesichtspunkten erforderlich sein können, müssen für die Zulässigkeit von antizipativen Hedges weitere (strenge) Kriterien definiert werden. Dies ist aber nicht Gegenstand dieser Ausführungen.

(4) Homogene Beeinflussung von Gewinnchance und Verlustrisiko

Das Prinzip der homogenen Beeinflussung fordert, daß identische Faktoren auf Verlustrisiko und Gewinnchance wirken müssen, d.h. Gewinne und Verluste müssen den gleichen Entstehungsgrund haben (Burkhardt, 1988, S. 148 f.). Die Einflußfaktoren, die zu einer Wertveränderung führen, müssen sich sowohl auf die Gewinnchance als auch auf das Verlustrisiko in gleicher Weise auswirken. Verlustrisiken und Gewinnchancen müssen also gemeinsame Entstehungsursachen haben. Wenn die Gewinnchancen aus dem Sicherungsgeschäft auf andere Ursachen zurückzuführen sind als die Verlustrisiken, kann eine Risikokompensation mithin nicht stattfinden.

Das Prinzip der homogenen Beeinflussung von Gewinnchance und Verlustrisiko ist bei Devisengeschäften gewahrt, wenn die Positionen separat für jede einzelne Währung gebildet werden (Währungsidentität).

Bei der Fremdwährungsumrechnung macht die Forderung nach Währungsidentität zunächst keine größeren Probleme, nachdem auch § 340h HGB Währungsidentität verlangt. Außerhalb des Devisenbereichs, insbesondere im Zinsbereich, wird hier regelmäßig die Identität des Basiswerts/Underlyings verlangt. Die Frage, wann im Zinsbereich Identität des Basiswerts/Underlyings gegeben ist, ist noch nicht endgültig geklärt.

(5) Negative Korrelation

Dieses Prinzip, das eng mit dem Prinzip der homogenen Beeinflussung von Gewinnchance und Verlustrisiko zusammenhängt, verlangt, daß die Risikoeinwirkung auf Grund- und Deckungsgeschäft gegenläufig sein muß (Burkhardt, 1988, S. 148 f.). Grund- und Deckungsgeschäft müssen derart aufeinander abgestimmt sein, daß bei einer gleichgerichteten Veränderung des

Einflußfaktors eine (zwingende) Kompensation des Risikos durch das gegenläufige Geschäft stattfindet.

Die vollständige Korrelation (Korrelation von -1) läßt sich in dieser absoluten Form nur für Devisengeschäfte aufrecht erhalten. In anderen Fällen kann eine vollständige negative Korrelation nur bei strengem (perfektem) Micro-Hedge gefordert werden (Krumnow, 1994, § 340e HGB Rn. 107). Werden Financial Futures als Sicherungsgeschäfte eingesetzt, ergibt sich bereits aufgrund des sog. Basisrisikos, daß eine vollständige Korrelation nicht ohne weiteres erreicht werden kann. Im Zinsbereich muß daher eine "hohe Korrelation" gewährleistet sein. Welche Mindestkorrelation zu fordern ist, ist noch nicht eindeutig bestimmt.

(6) Vollständige Kompensation

Dieses Prinzip baut auf dem Prinzip der negativen Korrelation auf und besagt, daß eine Bewertungseinheit nur soweit wirken kann, wie ein wertmäßiger Ausgleich des fiktiven Verlusts durch unrealisierte Gewinne erfolgt. Die unrealisierten Verluste können dabei nur bis zur Höhe der unrealisierten Gewinne ausgeglichen werden. Kann ein fiktiver Verlust nicht in voller Höhe durch unrealisierte Gewinne ausgeglichen werden, ist der übersteigende Betrag in Form der Abwertung eines Aktivums, der Aufwertung eines Passivums oder durch Bildung einer Rückstellung für drohende Verluste aufwandswirksam zu berücksichtigen. Ein Gewinnüberhang darf wegen des Imparitätsprinzips dagegen nicht berücksichtigt werden.

Bei Fälligkeitsunterschieden muß ein liquider Markt für Sicherungsinstrumente bestehen. Darüber hinaus muß eine Anschlußsicherung aufgrund des Standing des Bilanzierenden jederzeit möglich sein (Stellvertretend Wiedmann, 1994, S. 477).

(7) Relativierung durch Restrisiken

Die Geschäfte müssen hinsichtlich des Erfüllungsrisikos "quasi sicher" sein. Es dürfen allenfalls noch latente Bonitätsrisiken bestehen, wie dies bei anderen schwebenden Geschäften ebenfalls der Fall ist (Krumnow, 1994, § 340e HGB Rn. 109). Posten, die jedoch einem hinreichend konkretisierten Bonitätsrisiko ausgesetzt sind, kommen für eine Kompensation nicht (ohne weiteres) in Frage (Burkhardt, 1988, S. 212; Krumnow, 1994, § 340h HGB Rn. 45, 57). Die erwarteten Zahlungen aus dem Grund- und Sicherungsgeschäft dürfen nicht wesentlich durch andere Risiken beeinflußt sein.

2.4.3 Micro-, Macro- und Portfolio-Hedge

2.4.3.1 Micro-Hedge

Wesentlich für Micro-Hedges ist, daß eine eindeutige Zuordnung einzelner (oder mehrerer) Grund- und Sicherungsgeschäfte möglich und beabsichtigt ist. Dabei erfolgt die Verknüpfung von Grund- und Sicherungsgeschäften in der Regel bei Abschluß des zweiten (verknüpfenden) Geschäfts. Micro-Hedges führen im Regelfall zu einer (nahezu) vollständigen Risiko- und Wertkompensation. Daher ist für solche Hedges normalerweise auch nur ein begrenztes Risikomanagement erforderlich. Ferner ist in irgend einer Form (z.B. i.R.d. Sicherungsstrategie) festzuhalten, welche Geschäfte als zusammengehörig betrachtet werden sollen (ebenso Häuselmann/Wiesenbart, 1990, S. 644).

Aufgrund der individuellen Zuordnung von Grund- und Sicherungsgeschäften zu einem Micro-Hedge ist dies regelmäßig unproblematisch möglich. Den wirtschaftlichen Bezug zwischen Grund- und Sicherungsgeschäft muß der bilanzierende Kaufmann objektiv nachweisen (Sicherungsstrategie). Eine Zuordnung erst nach dem Bilanzstichtag (z.B. bei Bilanzerstellung) ist willkürlich und erlaubt nicht die Bildung von Bewertungseinheiten.

2.4.3.2 Macro-Hedge

Macro-Hedges sind dann gegeben, wenn eine Zuordnung einzelner Grund- und Sicherungsgeschäfte nicht möglich oder beabsichtigt ist. In der Literatur wird derzeit noch mehrheitlich die Ansicht vertreten, daß Macro-Hedges wie Spekulationsgeschäfte einzeln zu bewerten sind. Hier wird dieser Auffassung nicht uneingeschränkt zugestimmt. Die Bilanzierung derivativer Finanzinstrumente in der Form von Sicherungsgeschäften kann nicht isoliert und unabhängig von der Behandlung der diesen Sicherungsgeschäften zugrundeliegenden Grundgeschäfte bilanziellen Aktiva und Passiva erfolgen.

Bei Macro-Hedges *im engeren Sinne* werden gleichartige Grundgeschäfte zu gegenläufigen Sicherungsgeschäften global zugeordnet. Bewertungseinheiten werden hier bei Kreditinstituten beispielsweise dann gebildet, wenn derivative Zinsinstrumente im Rahmen des allgemeinen Asset and Liability-Managements zur Absicherung gegen potentielle Zinsänderungsrisiken eingegangen werden (globale Steuerung des Zinsänderungsrisikos).

Erforderliche Voraussetzungen sind:

- Dokumentation der Sicherungsstrategie und
- Funktionsfähigkeit des Risikomanagements.

Darüber hinausgehend sind Bewertungseinheiten grundsätzlich nicht anerkannt.

2.3.4.3 Portfolio-Hedge

Das für Hedgezwecke verfügbare Instrumentarium hat sich in den letzten Jahren stark erweitert und im Hinblick auf eine separate Behandlung einzelner Risiken deutlich verfeinert. Heute stehen daher unterschiedliche Absicherungsmöglichkeiten mit verschiedenen Instrumenten, Beträgen und/oder Laufzeiten zur Verfügung, die risikopolitisch als gleichwertig anzusehen sind (Prahl/Naumann, 1991, S. 734).

Im Zinsbereich sind die Risiken aufgrund unterschiedlicher Reagibilitäten der verschiedenen zinstragenden Instrumente und unterschiedlicher Zinsentwicklungen in den Laufzeitbereichen zu berücksichtigen. Die Wertkompensation tritt bei Handelsaktivitäten von Kreditinstituten zunehmend vor die Risikokompensation: Nicht das laufzeitspezifische Zinsänderungsrisiko soll eliminiert werden, sondern lediglich Bewertungsergebnisse aufgrund von Zinsänderungen sollen sich innerhalb eines Handelsbuches wertmäßig ausgleichen (Brackert/Prahl, Börsenzeitung , 25.10.1994).

Damit tritt zumindest bei den Handelsaktivitäten von Kreditinstituten die Absicherung einzelner Kontrakte in Form laufzeit- und betragskongruenter gegenläufiger Geschäfte mehr und mehr in den Hintergrund. Bei den heute gehandelten Volumina gilt dasselbe für eine dokumentierte

Verknüpfung von einzelnen Grund- und Sicherungsgeschäften. Dabei wird auf eine bei jedem Geschäft abzugebende "Zweckerklärung für Sicherungsgeschäfte" verzichtet. Es wird vielmehr unterstellt, daß alle anfallenden Geschäfte qua Absicherungsintention (Hedge-Strategie) in einem gewollten wirtschaftlichen Zusammenhang stehen (Prahl/Naumann, 1991, S. 735).

Als Portfolio-Bewertung wird die zusammengefaßte, kompensatorische Bewertung von Finanzinstrumenten (des Handelsbestands von Kreditinstituten) bezeichnet, die aufgrund ihrer gleichartigen Risikostruktur in einem Portfolio zusammengefaßt sind. Die Portfolio-Bewertung erfordert i.d.R. eine Ermittlung des individuellen Marktwerts sämtlicher im Portfolio vertretenen Instrumente. Positive und negative Bewertungsergebnisse der einzelnen Instrumente können dann miteinander verrechnet werden, soweit die Voraussetzungen für die Bildung von Bewertungseinheiten gegeben sind.

Betrachtet werden bei der Portfolio-Bewertung klar abgegrenzte Veranwortungsbereiche. Unabdingbare Voraussetzung ist neben einer *Hedge-Strategie* vor allem ein *funktionierendes Risikomanagement*, das verlangt, daß die Handelsaktivitäten organisatorisch streng überwacht und anhand klarer Limitsysteme verantwortet werden. Hierzu zählt auch der Nachweis einer wirksamen Wertkompensation. Notwendig ist ferner, daß die Zusammensetzung des Portfolios eindeutig definiert wird (Prahl/Naumann, 1991, S. 736). Die in einem Portfolio einander gegenübergestellten Instrumente müssen einer einheitlichen Risikoart unterliegen. Daneben ist ein unabhängiges Risikocontrolling erforderlich, das völlig selbständig und zeitnah die Risikoposition bestimmt und bewertet.

Es handelt sich insoweit um eine eingeschränkte Form der Mark-to-Market-Bewertung. Im Gegensatz zu Micro-Hedges wird beim Portfolio-Ansatz die individuelle Zuordnungsentscheidung durch organisatorische Regelungen (Hedge-Strategie und Risikomanagement) ersetzt, was letztendlich dazu führt, daß die Bewertungseinheit nicht aufgelöst, sondern immer nur in sich umgeschichtet werden kann (Wiedmann, 1994, S. 481).

3 Bilanzierung von Financial Futures

3.1 Was sind Financial Futures?

Financial Futures ist eine Sammelbezeichnung für börsengehandelte, standardisierte Finanzterminkontrakte. Die Standardisierung bezieht sich dabei auf den Nominalwert (z.B. Bund-Futures DM 250.000), auf die Laufzeit sowie auf den Basiswert / das Underlying (z.B. Wertpapiere, Fremdwährung, Aktienindex usw.).

Der Finanzterminkontrakt legt den Preis für ein Finanzinstrument bereits heute fest. Die eigentliche Erfüllung findet erst zu einem späteren Zeitpunkt statt. Finanzterminkontrakte können jederzeit problemlos durch entsprechende Gegengeschäfte glattgestellt werden. Die tatsächliche Erfüllung in Gestalt der Lieferung oder Abnahme kann so ausgeschlossen werden. Übrig bleiben nur die aus den unterschiedlichen Einstandskursen resultierenden Gewinne und Verluste.

Die Erfüllung eines Future-Kontrakts wird durch die jeweilige Clearing-Stelle gewährleistet. Die Erfüllungsgarantie der offenen Positionen durch die Clearing-Stelle wird u.a. dadurch gewährleistet, daß für das Eingehen und Halten einer Position sog. Sicherheitsleistungen (Initial Margin) zu hinterlegen sind.

Die Wertveränderung einer Future-Position wird börsentäglich ermittelt. Gewinne werden gutgeschrieben, auflaufende Verluste sind bei der Clearing-Stelle auszugleichen (Variation Margin).

3.2 Darstellung anhand eines Beispiels ohne Absicherungszweck

3.2.1 Das erste Beispiel - Geschäft ohne Absicherungszweck

Ein Unternehmen A

- kauft am 23.06.1994
- langfristige DTB-Bund-Future-Kontrakte mit
- Liefermonat März 1995 zum
- Kurs von 91,10.

Für die anfallende Initial Margin sei unterstellt, daß DM 100.000 zu leisten sind (20 Kontrakte zu je DM 250.000 mit 2 % Margin).

In Erwartung fallender Zinsen und damit steigenden Future-Kursen kauft das Unternehmen A die Future-Kontrakte, um diese später bei tatsächlich gesunkenen Zinsen zu einem höheren Preis glattzustellen. Mit anderen Worten: Steigt die Future-Notierung, ergeben sich beim Käufer Gewinne und beim Verkäufer in gleicher Höhe Verluste. Bei einem Sinken der Notierung tritt das Gegenteil ein.

Die Ergebnisentwicklung der Future-Position wird an vier ausgewählten Tagen sowohl für den Käufer als auch für den Verkäufer anhand der Kursentwicklung dargestellt.

Die Notierung des Bund-Future erfolgt in Prozent pro DM 100 Nominalwert mit zwei Dezimalstellen. Die kleinste Preisveränderung (Tick-Size) beträgt 0,01. Das entspricht bei dem zugrundeliegenden Kontraktwert von DM 250.000 einem Tick-Wert von DM 25 je Kontrakt (DM 250.000 : 100 x 0,01 = DM 25). Da es sich im vorliegenden Beispiel um 20 Kontrakte (nominal insgesamt DM 5.000.000) handelt, ergibt eine Preisveränderung des Future von 0,01 einen Gewinn/Verlust von DM 500 (20 Kontrakte x Tick-Wert DM 25)

Ergebnisentwicklung bei Käufer und Verkäufer							
Datum	**Kurs**	**Käufer (A)**			**Verkäufer (B)**		
		Gewinn	**Verlust**	**Saldo**	**Gewinn**	**Verlust**	**Saldo**
23.06.1994	91,10						
28.07.1994	91,59	24.500		+24.500		24.500	-24.500
23.08.1994	89,83		88.000	-63.500	88.000		+63.500
31.12.1994	**90,42**	**29.500**		**-34.000**		**29.500**	**+34.000**
08.03.1995	91,35	46.500		+12.500		46.500	-12.500

Abb. 1: Ergebnisentwicklung

3.2.2 Buchung der Marginzahlungen

Die Sicherheitsleistung (Initial Margin) ist wie andere Vermögensgegenstände, die im Rahmen einer Sicherungsabrede an einen Sicherungsnehmer abgegeben werden, weiterhin beim Sicherungsgeber zu bilanzieren, da ihm das wirtschaftliche Eigentum zusteht (§ 246 Abs. 1 HGB) (Jutz, 1990, S. 1517).

Die vorläufigen Gutschriften/Belastungen in Form der Variation Margins sind als unrealisiert anzusehen. Geleistete bzw. erhaltene Ausgleichszahlungen sind zweckmäßigerweise auf einem gesonderten Konto erfolgsneutral zu behandeln (Göttgens/Prahl, 1993, S. 506). Es empfiehlt sich daher, diese Beträge auf einem "Abgrenzungskonto" zu buchen. Erst bei Glattstellung bzw. Erfüllung der Future-Position darf der dann realisierte Gewinn/Verlust erfaßt werden, wenn nicht zu einem davor liegenden Bilanzstichtag aufgrund des Imparitätsprinzips bereits ein unrealisierter Verlust zu erfassen ist.

Die sich laut **Abb. 1** beim Käufer der Futures ergebenden Gutschriften bzw. Belastungen sind - für die ersten drei betrachteten Tage - wie folgt auf dem "Abgrenzungskonto DTB" zu erfassen:

- 28.07.1994: Gutschrift

Bank	DM 24.500	
an Abgrenzungskonto DTB		DM 24.500

- 23.08.1994: Belastung

Abgrenzungskonto DTB	DM 88.000	
an Bank		DM 88.000

- 31.12.1994: Gutschrift

Bank	DM 29.500	
an Abgrenzungskonto DTB		DM 29.500

Beim Unternehmen A weist das Abgrenzungskonto DTB zum 31.12.1994 einen Sollsaldo in Höhe von DM 34.000 aus.

3.2.3 Bilanzierung und Anhang zum 31.12.1994

3.2.3.1 Initial Margin

Die vom Unternehmen A geleistete Initial Margin ist als Forderung unter den "Sonstigen Vermögensgegenständen" zu aktivieren (BFA 2/1993, 1993, S. 517; Göttgens/Prahl, 1993, S. 506). Da die Initial Margin regelmäßig voll erhalten bleibt und Kursveränderungen der Futures nur die Variation Margin berühren, ist die Forderung auch in der Folgezeit grundsätzlich in der ursprünglichen Höhe zu bewerten.

3.2.3.2 Variation Margin

Zum 31.12.1994 weist das "Abgrenzungskonto DTB" beim Unternehmen A (Käufer) einen Sollsaldo von DM 34.000 aus. Es handelt sich um den bis zum Bilanzstichtag aufgelaufenen und geldmäßig ausgeglichenen Verlust aus den Future-Kontrakten. Dieser Aktivsaldo ist zunächst unter den "Sonstigen Vermögensgegenständen" auszuweisen (BFA 2/1993, 1993, S. 517).

In Höhe dieses Betrags droht dem Unternehmen A ein Verlust. Die Berücksichtigung dieses aufgrund des Imparitätsprinzips zu antizipierenden Verlusts kann durch Ausbuchung des aktivierten Betrags, durch eine Wertberichtigung oder durch die Bildung einer Drohverlustrückstellung berücksichtigt werden. Hier wird die Bildung einer Rückstellung empfohlen (ebenso Jutz, 1990, S. 1520; Häuselmann/Wiesenbart, 1990, S. 647; BFA 2/1993, 1993, S. 517).

Der Habenüberhang zum 31.12.1994 beim Verkäufer (vgl. Abb. 1) stellt bei diesem einen (noch) nicht realisierten Gewinn dar, der aufgrund des Realisationsprinzips nicht als realisiert betrachtet werden kann. Eine ertragsmäßige Vereinnahmung scheidet damit aus. Der Verkäufer hat diesen Saldo in Höhe von DM 34.000 unter den "Sonstigen Verbindlichkeiten" auszuweisen.

3.2.3.3 Anhangangaben

Grundsätzlich kommen im Zusammenhang mit Financial Futures folgende Anhangangaben in Betracht (Epperlein/Scharpf, 1994, S. 1634):

- Angaben über Bilanzierungs- und Bewertungsmethoden (§ 284 Abs. 2 Nr. 1 HGB),
- Erläuterung der "sonstigen Rückstellungen" von nicht unerheblichem Umfang (§ 285 Nr. 12 HGB) sowie
- Angabe der sonstigen finanziellen Verpflichtungen (§ 285 Nr. 3 HGB).

Da der Verkäufer des Futures im Falle der Erfüllung eine Sachleistung (Lieferung der Wertpapiere) zu erbringen hat, entfällt für ihn grundsätzlich eine Angabepflicht. Lediglich für den Fall, daß er sich das zu liefernde Wertpapier erst noch beschaffen muß, kann eine Angabepflicht dem Grunde nach entstehen (Epperlein/Scharpf, 1994, S. 1634).

Der Käufer kann seine Verpflichtung zur Abnahme und Zahlung der Wertpapiere wirtschaftlich durch Glattstellung der Kontrakte ablösen. Insoweit entsteht für ihn lediglich eine finanzielle Verpflichtung in Höhe des Saldos der geleisteten bzw. erhaltenen Variation Margins, die er im übrigen bereits geleistet bzw. erhalten hat.

Für den Ansatz einer sonstigen finanziellen Verpflichtung dem Grunde nach in Höhe der Variation Margins (DM 34.000) spricht, daß der Bilanzierende in der Lage wäre, seine Verpflichtung aus den Future-Kontrakten zum Bilanzstichtag mittels Glattstellung in Höhe eben dieses Betrags wirtschaftlich abzulösen. Da in Höhe dieses Betrags eine Drohverlustrückstellung zu bilden ist, kann im Ergebnis eine Angabe nach § 285 Nr. 3 HGB entfallen.

3.2.4 Glattstellung bzw. Ausübung der Future Kontrakte

3.2.4.1 Glattstellung

Wird die Future-Position glattgestellt, ist das Abgrenzungskonto ebenso wie eine evtl. gebildete Drohverlustrückstellung erfolgswirksam aufzulösen (BFA 2/1993, 1994, S. 518; Jutz, 1990, S. 1521).

- Ausbuchung der Variation Margin:

Abgrenzungskonto DTB	DM 12.500	
an Sonstige betriebliche Erträge		DM 12.500

- Auflösung der ggf. zum Bilanzstichtag gebildeten Drohverlustrückstellung:

Rückstellungen	DM 34.000	
an Sonstige betriebliche Erträge		DM 34.000

Daneben wird die geleistete Initial Margin zurückgewährt. Bei Sicherheitsleistungen in Geld sind die "Sonst. Vermögensgegenstände" gegen die zurückerhaltene Sicherheitsleistung auszubuchen.

- Rückzahlung der Initial Margin

Bank	DM 100.000	
an Sonstige Vermögensgegenstände		DM 100.000

3.2.4.2 Lieferung bzw. Abnahme

Wird ein Future-Kontrakt erfüllt, sind - abhängig davon, ob eine Long- oder Short-Position vorliegt - Wertpapiere abzunehmen oder zu liefern. Werden aus Futures Wertpapiere physisch geliefert, so bestimmen sich die Anschaffungskosten nach dem Kontraktpreis (Settlementpreis zuzüglich/abzüglich der bis dahin angefallenen Variation Margins). Bei erhaltenen Variation Margin-Zahlungen liegen die Anschaffungskosten unter der Anschaffungsauszahlung, bei geleisteten Variation Margin-Zahlungen ist das Verhältnis umgekehrt. Entsprechendes gilt für den Veräußerungserlös beim Futures-Verkäufer.

Die Anschaffungskosten sind in unserem Beispiel wie folgt zu ermitteln:

Settlement-Preis (Anschaffungsauszahlung)	DM 4.567.500
abzüglich Saldo der Variation Margins	12.500
= Anschaffungskosten	DM 4.555.000

Damit ist wie folgt zu buchen:

- Anschaffung der Wertpapiere

Wertpapiere	DM 4.555.000	
und Abgrenzungskonto DTB	DM 12.500	
an Bank		DM 4.567.500

- Die Rückzahlung der Initial Margin ist wie oben beschrieben zu buchen.

3.3 Die Abwandlung des ersten Beispiels - Absicherungsgeschäft

3.3.1 Das zweite Beispiel - Absicherungsgeschäft

Ein Unternehmen B

- verkauft am 23.06.1994
- 20 langfristige DTB-Bund-Futures-Kontrakte
- mit Liefermonat März 1995
- zu einem Kurs von 91,10 zu folgendem
- Zweck:
  Absicherung der im Bestand befindlichen Bundesanleihen
  Nominalbetrag DM 5.000.000
  Restlaufzeit 9 Jahre
  Nominalzinssatz 6 %
  gegen sinkende Kurse (Erwartung: steigende Zinsen), weil diese Anleihen Anfang März 1995 verkauft werden sollen.

Es sei angenommen, daß die Bundesanleihen mit 93 % ihres Nominalbetrags, also mit DM 4.650.000 (Anschaffungskosten), zu Buche stehen.

Bilanzstichtag	Variante A	Variante B
Kurs der Anleihen	92,00 %	92,00 %
Daraus sich ergebender Kursverlust	DM ./. 50.000	DM ./. 50.000
Future-Notierung	90,42	89,50
Daraus sich ergebender unrealisierter Gewinn	DM + 34.000	DM + 80.000

Abb. 2: Short-Hedge in zwei Varianten

3.3.2 Variante A

Der nicht realisierte Gewinn aus den verkauften Future-Kontrakten in Höhe von DM 34.000 deckt den sich aus der Kassaposition (Anleihen im Bestand) ergebenden Verlust in Höhe von DM 50.000 nicht vollständig. Da im vorliegenden Beispiel eine Bewertungseinheit zwischen den sich im Bestand befindlichen Anleihen sowie der Short-Position im Future hergestellt wurde, kann der nicht realisierte Gewinn (verkaufte Future-Kontrakte) mit dem nicht realisierten Kursverlust (Anleihen im Bestand) verrechnet werden.

Für die Darstellung im Jahresabschluß gibt es hier grundsätzlich zwei Alternativen:

- Alternative 1
  Abschreibung der Wertpapiere lediglich um DM 16.000
  (Kursverlust DM 50.000 abzüglich nicht realisierter Gewinn DM 34.000).

- Alternative 2
  Abschreibung der Wertpapiere zwar um DM 50.000, jedoch gleichzeitige Aktivierung des unrealisierten Gewinns aus den Future-Kontrakten in Höhe von DM 34.000
  (Ausweis unter "Sonstige Vermögensgegenstände").

Bei der ersten Alternative handelt es sich um die Bewertung der Wertpapiere mit dem Preis des Sicherungsgeschäfts (BFA 2/1993, 1993, S. 517). Damit werden implizit unrealisierte Erträge aus dem Futures-Verkauf in Höhe von DM 34.000 erfolgswirksam vereinnahmt. Diese Vorgehensweise hat allerdings die Konsequenz, daß bei einer Auflösung der Bewertungseinheit die Abschreibung unverzüglich nachzuholen ist (Göttgens/Prahl, 1993, S. 509).

Göttgens/Prahl (Göttgens/Prahl, 1993, S. 509) halten es zutreffend auch für möglich, die Anleihen auf den Stichtagswert abzuschreiben und den Gewinnanspruch aus dem Sicherungsgeschäft separat zu aktivieren (faktisches Mark-to-Market). In diesem Fall sind Abschreibungen in Höhe von DM 50.000 und Erträge aus der Aktivierung des Gewinnanspruchs in Höhe von DM 34.000 auszuweisen, so daß sich im Ergebnis ein Aufwand von DM 16.000 ergibt. Der Ertrag aus der Aktivierung des Gewinnanspruchs ist in der Position der Gewinn- und

Verlustrechnung zu erfassen, in der auch die Abschreibungen auf die Wertpapiere ausgewiesen werden. Fraglich ist allerdings, inwieweit die unrealisierten Erträge aus Futures die Voraussetzungen für die Aktivierung eines Vermögensgegenstandes erfüllen.

3.3.3 Variante B

In der Variante B wird der sich aus der Kassaposition ergebende Verlust in Höhe von DM 50.000 durch den nicht realisierten Gewinn aus den verkauften Future-Kontrakten (DM 80.000) überkompensiert. Das Realisationsprinzip verbietet jedoch den Ausweis des "Gewinnüberhangs" in Höhe von DM 30.000.

Entsprechend der Vorgehensweise der Alternative 1 bei Variante A sind die Wertpapiere hier nicht abzuwerten. Folgt man der Alternative 2, sind die Wertpapiere um DM 50.000 auf den Stichtagswert abzuwerten. Gleichzeitig sind Erträge aus der Aktivierung des Gewinnanspruchs bei den verkauften Future-Kontrakten in Höhe von (nur) DM 50.000 auszuweisen. Eine Nettogewinnrealisierung ist nicht möglich, sie würde einer Mark-to-Market-Bewertung gleichkommen.

3.3.4 Anhangangaben

Nach BFA 2/1993 kommen im Zusammenhang mit Futures vor allem die Anhangangaben nach § 284 Abs. 2 Nr. 1 und Nr. 3 HGB in Betracht. Nach § 284 Abs. 2 Nr. 1 HGB sind im Anhang die auf die Posten der Bilanz und der Gewinn- und Verlustrechnung angewandten Bilanzierungs- und Bewertungsmethoden anzugeben. § 284 Abs. 2 Nr. 3 HGB schreibt vor, daß im Anhang die Abweichungen von Bilanzierungs- und Bewertungsmethoden angegeben und begründet werden müssen, sowie deren Einfluß auf die Vermögens-, Finanz- und Ertragslage gesondert darzustellen ist. In diesem Zusammenhang sind auch Angaben zum Ausmaß der Bildung von Bewertungseinheiten zu machen.

4 Literaturverzeichnis

Beckmann, N./Bors, J.: Interne Kontrollen bei modernen Devisenhandelssystemen, in: Die Wirtschaftspüfung 20/1990, S. 562-569

Benne, Jürgen: Die Bedeutung der Gewinnerwartungen aus schwebenden Geschäften für die Bewertung der Aktiva und Passiva, in: Betriebsberater 32/1979, S. 1653-1656

BFA 2/1987: Zur bilanziellen Behandlung von Optionsgeschäften, in: Die Wirtschaftsprüfung 22/1987, S. 682-684

BFA 2/1995: Bilanzierung von Optionen, in: Die Wirtschaftsprüfung 12/1995, S. 421-425

Brackert, G./Prahl, R.: Vorteile durch Mark-to-Market-Bewertung, Notwendige Voraussetzung für True and Fair-View für Handelsaktivitäten von Kreditinstituten, in: Börsenzeitung (BZ), 25.10.1994

Burkhardt, Dietrich: Grundsätze ordnungsmäßiger Bilanzierung für Fremdwährungsgeschäfte, Düsseldorf 1988

Epperlein, J. K./Scharpf, P.: Anhangangaben im Zusammenhang mit sogenannten Finanzinnovationen, in: Der Betrieb 33/1994, S. 1629-1636

Finne, Thomas: Bilanzielle Berücksichtigung von Kurssicherungen, in: Betriebsberater 19/1991, S. 1295-1301

Finne, Thomas: Bilanzierung von Fremdwährungstransaktionen im handelsrechtlichen Jahresabschluß, in: Der Betrieb 7/1992, S. 338-339

Göttgens, M./Prahl, R.: Bilanzierung und Prüfung von Financial Futures und Foreward Rate Agreements, in: Die Wirtschaftsprüfung 16/1993, S. 503-517

Häuselmann, H./Wiesenbart, T.: Fragen zur bilanzsteuerlichen Behandlung von Geschäften an der Deutschen Terminbörse (DTB), in: Der Betrieb 13/1990, S. 641-647

Jutz, Manfred: Swaps und Financial Futures und ihre Abbildung im Jahresabschluß, Stuttgart 1989

Krumnow, J./Sprißler, W./Bellavite-Hövermann, Y.: Rechnungslegung der Kreditinstitute, Kommentar zum Bankbilanzrichtlinie-Gesetz und zur RechKredV, Stuttgart 1994

Prahl, R. /Naumann, T. K.: Die Bewertungseinheit am Bilanzstichtag - und was danach?, in: Zeitschrift für Bankrecht und Bankwirtschaft 1/1994, S. 1-9

Prahl, R. /Naumann, T. K.: Zur Bilanzierung von portfolio-orientierten Handelsaktivitäten der Kreditinstitute, in: Die Wirtschaftsprüfung 23/1991, S. 729-739

Rudolph, Bernd: Kapitaladäquanzrichtlinie: Zielsetzung und Konsequenzen der bankaufsichtlichen Regulierung im Wertpapierbereich, in: Zeitschrift für Bankrecht und Bankwirtschaft 2/1994, S. 117-130

Scharpf, Paul: Derivative Finanzinstrumente im Jahresabschluß unter Prüfungsgesichtspunkten - Erfassung, Abwicklung und Bildung von Bewertungseinheiten, in: Betriebswirtschaftliche Forschung und Praxis, 2/1995, S. 166-208

Schmekel, Helmut: Rechnungslegung von Zinstermingeschäften für Banken und Industrieunternehmen, in: Der Betrieb 17/1983, S. 893-898

Wiedmann, Harald: Die Bewertungseinheit im Handelsrecht, in: Ballwieser, W./Böcking, H.-J./Drukarczyk, J./Schmidt, R. H. (Hrsg.): Bilanzrecht und Kapitalmarkt, Festschrift für A. Moxter, Düsseldorf 1994, S. 455-482

Windmöller, R./Breker, N.: Bilanzierung von Optionsgeschäften, in: Die Wirtschaftsprüfung 12/1995, S. 389-401

Finanzinnovationen zum Management von Zinsrisiken

Prof. Dr. Jens Jokisch

Professur für allgemeine Betriebswirtschaftlehre und Finanzwirtschaft,
Universität Stutttgart

1 Problemstellung

Der Begriff der Finanzinnovation ist in der Literatur nicht eindeutig definiert. Grundsätzlich ist laut Duden unter einer Innovation eine „neue, fortschrittliche Lösung eines (technischen) Problems bei Produkten oder Verfahren" zu verstehen. Innovationen wirken sich dann eindeutig kostensenkend und/oder erlöserhöhend aus. Im folgenden ist zu untersuchen, ob ein derartig technisch bzw. leistungswirtschaftlich orientierter Innovationsbegriff nutzbringend auf finanzwirtschaftliche Fragestellungen angewendet werden kann. Wenn man unter Finanzinnovationen „neuartige, bisher an den Geld-, Kredit- und Kapitalmärkten nicht verfügbare Finanzierungstitel und Finanzdienstleistungen" versteht (Matschke, 1987, S. 2), dann bleiben entscheidende Abgrenzungsfragen offen (Hielscher, 1989, S. 69 f.). Es ist *erstens* unklar, wie lange Innovationen als innovativ bezeichnet werden können (Zeitbezug), *zweitens* ob auf einem Teilmarkt neu angebotene Instrumente als innovativ angesehen werden können, wenn sie auf anderen Teilmärkten seit Jahren gehandelt werden (Marktbezug) und *drittens* wie ausgeprägt sich das Merkmal der Innovation vom Merkmal des klassischen (etablierten) Instruments unterscheiden muß (Merkmalsbezug). Die den Namen *Finanzinnovation* verdienenden neuen Produkte müßten sich also finanzierungskostensenkend und/oder finanzierungskostenbegrenzend auswirken.

Vom Finanzinnovationsbegriff ist der Begriff der *Finanzderivate* abzugrenzen. Die aus originären Finanzprodukten abgeleiteten Finanzderivate können innovativ sein (z.B. Zinsoptionen). Es gibt aber auch Finanzderivate, die schon Jahrzehnte gehandelt werden (Devisentermingeschäfte und Devisenswapgeschäfte). Umgekehrt gibt es Finanzinnovationen wie Euro-Commercial Papers, Euro-Note-Facilities und Euro Bonds mit Floating Rates, die als *originäre*, also nicht als *derivative Produkte* der Finanzmärkte, anzusehen sind. Mit originären Finanzinnovationen können Finanzmittel zu variablen Zinsen beschafft werden, wird also eine mit Zinsrisiken behaftete Unternehmensfinanzierung betrieben, während mit den derivativen Finanztiteln die aus den originären Finanztiteln resultierenden Risiken (hier Zinsrisiken) gehandelt (d.h. übernommen oder abgegeben) werden, ohne die Rechte aus den Finanztiteln selbst zu handeln, so daß durch Finanzderivate das Risiko eines Finanztitels losgelöst vom Finanztitel selbst gehandelt werden kann.

Im folgenden sollen innovative Derivate der Geld-, Kredit- und Kapitalmärkte, also **Zins Futures** (Bund Futures), **Zins Forwards** (Forward Rate Agreements), **Zinsoptionen** (Caps, Floors, Collars) und **Zinsswaps** hinsichtlich ihrer Eignung zum Management von Zinsrisiken untersucht werden. Diese Derivate müssen mit originären innovativen Instrumenten kombiniert werden, um die erwünschte finanzierungskostenbegrenzende und -senkende Wirkung zu erzielen. Die Zinsrisiken von Finanzmittelanlagen werden ebensowenig wie die Derivate des Aktienmarktes und des Devisenmarktes betrachtet.

2 Das Management von Zinsrisiken aus entscheidungs- und zinstheoretischer Sicht

Die künftigen Zinssätze bestimmen immer dann die künftigen Finanzierungskosten, wenn die mittel- und langfristigen Finanzmittel nicht mit für die Laufzeit fixierten Zinssätzen aufgenommen wurden. In der finanzwirtschaftlichen Theorie gilt es aber als unmöglich, künftige Zinssätze erfolgversprechend vorherzusagen. Dies wird mit der *Markteffizienzhypothese* und der *Random walk Hypothese* begründet. Auf effizienten Finanzmärkten enthalten die aktuellen Konditionen (hier Zinsen) alle verfügbaren Informationen über die konditionenbestimmenden Faktoren. Die aktuellen Zinskonditionen können also als Erwartungswert (bester Schätzwert) künftiger Zinsen aufgefaßt werden, d.h. die Wahrscheinlichkeit einer Abweichung ist in beide Richtungen gleich (0,5). Neue konditionenbestimmende Informationen über die Determinanten der Zinsen ergeben sich ex ante gesehen zufällig, d.h. die künftigen Zinssätze befinden sich auf einem Zufallspfad (sie sind *at Random walk*). Nur wer bessere (richtigere) Informationen als die Mehrheit der Marktteilnehmer hat, kann mit auf Zinsprognosen basierenden Finanzierungen erfolgreich sein.

Die künftigen Zinssätze können als Zufallsvariable aufgefaßt werden, die mit bestimmten Wahrscheinlichkeiten bestimmte Ausprägungen annehmen. Es existiert eine Wahrscheinlichkeitsverteilung der künftigen Zinssätze und aus entscheidungstheoretischer Sicht werden Zinsrisiken durch die Wahrscheinlichkeitsverteilung der Finanzierungskosten beschrieben. Einer mittel- bis längerfristigen Finanzierungsentscheidung kann dann nicht ein eindeutiges Ergebnis der Finanzierungskosten zugeordnet werden, sondern die Finanzierungskosten hängen von der künftigen Entwicklung der Referenzzinssätze zu den Revolvierungszeitpunkten ab. Es ist möglich, daß die Zinssätze und damit die Finanzierungskosten noch weiter fallen (umgangssprachlich wird dies als

Chance bezeichnet), es ist aber auch denkbar, daß zu späteren Revolvierungszeitpunkten (stark) steigende Zinssätze und damit Finanzierungskosten zu erheblichen Liquiditätsbelastungen während der Revolvierungsperioden führen und die Finanzierungskosten über das bei fristenkongruenter Fixierung angefallene Niveau ansteigen lassen (umgangssprachlich wird nur dieser Fall als *Risiko* bezeichnet).

Aus entscheidungstheoretischer Sicht handelt es sich bei dem auch in der wissenschaftlich fundierten Literatur gebräuchlichen Begriff des Zins*änderungs*risikos um einen Pleonasmus; die Möglichkeit einer Zins*änderung* und damit einer Änderung der Finanzierungskosten ist als *das* Zins*risiko* anzusehen. Damit ist auch die umgangssprachliche Differenzierung in Chancen und Risiken überflüssig, da es sich um verschiedene Ausprägungen derselben Zufallsvariablen handelt. Die Bezeichnung einer Zinserhöhung als Risiko und einer Zinssenkung als Chance für Finanzmittelaufnehmer führt nur zu einer völlig überflüssigen terminologischen Differenzierung für den gleichen Sachverhalt: der Variation einer Zufallsvariablen.

Eine Entscheidung, der kein determiniertes Ergebnis, sondern nur eine Wahrscheinlichkeitsverteilung der Ergebnisse zugeordnet werden kann, wird als *Entscheidung unter Unsicherheit* oder synonym als *Entscheidung unter Risiko* bezeichnet (Schneeweiß, 1967, S. 27 ff.). Das Risiko einer Entscheidung wird dabei nicht definiert, sondern durch die möglichen Auswirkungen, also die gesamte Wahrscheinlichkeitsverteilung der finanzwirtschaftlichen Ergebnisse beschrieben (Karten, 1972, S. 158 ff.). Die Entscheidungssituation kann in einer Entscheidungsmatrix abgebildet werden und das Risiko der Entscheidungsalternativen wird durch die Ermittlung verschiedener Streuungsmaße gemessen (Franke/Hax, 1990, S. 183 ff.). Als Management von Zinsrisiken kann in diesem Sinne die zielorientierte Auswahl einer *bestimmten* aus der Vielzahl der *möglichen* Wahrscheinlichkeitsverteilungen der Finanzierungskosten verstanden werden.

Als klassische Ausprägung des Zinsrisikomanagements sind fristenkongruente Investitionsfinanzierungen mit fixierten Zinssätzen anzusehen. Die langfristigen Finanzierungsinstrumente *Bankkredit* für mittelständische Unternehmen und *Industrieanleihe* bzw. *Schuldscheindarlehn* für erste Adressen werden überwiegend mit langfristig fixierten Zinssätzen ausgestattet. Es ist das Ziel der sich mit diesen Produkten finanzierenden Unternehmen, das Zinsrisiko auszuschalten. Diese Konstruktion hat auch heute noch das weitaus größte Handelsvolumen am Markt für langfristige Finanzmittel. Solche Finanzierungen können aber bei der üblicherweise herrschenden Fristigkeitsstruktur der Zinssätze (*term structure of interest rates*) nur zu ca. 2% bis 2,5% über den Geldmarktkonditionen liegenden Zinssätzen getätigt werden, d.h. sie sind bei normalen Zinssituationen zunächst teurer als zinsflexible Finanzierungen. Es liegt im Ermessen des Finanzmanagements, ob es die Wahrscheinlichkeitsverteilung der Finanzierungskosten unabhängig von Zinsänderungen machen will und dafür ex ante höhere Finanzierungskosten zu tragen bereit ist oder ob es unter Inkaufnahme von Zinsrisiken die Finanzierungskosten auf Basis von Geldmarktsätzen gegenüber einer fristenkongruenten Zinsfixierung senken will.

Die Fristigkeitsstruktur der Zinsen stellt eine Beziehung zwischen den Zinssätzen auf dem Geldmarkt und dem Kapitalmarkt her. Sie beschreibt den Zusammenhang zwischen der Fristigkeit der Finanzmittelüberlassung und der Zinshöhe für die verschiedenen Fristigkeiten. Nach der *Liquiditätspräferenzhypothese* haben die Finanzmittelanleger eine Vorliebe für kurzfristige Geldanlagen und sind zu längerfristigen Engagements nur bereit, wenn ihnen dafür ein höherer Zinssatz geboten wird. Die Finanzmittelaufnehmer haben ihrerseits eine Liquiditätsvorliebe und sind bereit, für langfristige Kapitalaufnahmen höhere Zinsen als für kurzfristige Geldaufnahmen zu zahlen, weil kurzfristige Finanzmittelaufnahmen ein höheres Prolongationsrisiko als langfristige Engagements haben und daher das Halten höher dimensionierter Liquiditätsreserven erfordern, die ihrerseits nur niedrig verzinslich angelegt werden können. Langfristige Kapitalaufnahmen sollten aber fristenkongruent in hochrentierliche Vermögenswerte investiert werden, bei denen der Geldumwandlungsprozeß erst langfristig beendet wird. Aus diesem Grunde liegen bei normaler Fristigkeitsstruktur der Zinssätze die Zinsen für kürzerfristige Transaktionen auf den Finanzmärkten sowohl innerhalb des Geldmarktes als auch zwischen Geld- und Kapitalmarkt unter den Konditionen für längerfristige Transaktionen. Die Abhängigkeit des risikozuschlagfreien Zinsniveaus von der Fristigkeit der Finanzmittelüberlassung kann gewöhnlich durch eine *konkave* Zinsfunktion beschrieben werden (Jokisch, 1989, Sp. 1255).

Nach der *Erwartungshypothese* der Zinssätze wird der langfristige Zinssatz als geometrisches Mittel der *erwarteten* kurzfristigen Zinssätze aufgefaßt (Süchting, 1991, S. 349). *Inverse* Zinsfunktionen können als Erwartung der Mehrheit der Marktteilnehmer auf künftig sinkende Zinssätze interpretiert werden. *Konkave* Zinsfunktion enthalten aber auch eine Erwartung der Mehrheit der Marktteilnehmer über künftige (kurzfristige) Zinsen. Es könnte argumentiert werden, daß aus der Steigung der konkaven Zinsfunktion eine implizierte Zinserhöhungserwartung abzulesen ist. Je steiler die konkave Zinsfunktion, desto höher ist die von den Marktteilnehmern erwartete Zinssteigerung. Bei Kenntnis zweier Punkte auf der Zinsfunktion (z.B. der Zinssatz für Zwei-Jahres-Aufnahmen sei 6% und der für Drei-Jahres-Aufnahmen sei 6,5%) kann gefragt werden, wie stark der Zinssatz für Ein-Jahres-Aufnahmen in zwei Jahren steigen darf, daß eine heute getätigte Zwei-Jahres-Aufnahme mit anschließender Ein-Jahres-Revolvierung zum dann geltenden Ein-Jahres-Zinssatz ökonomisch äquivalent einer heute getätigten Drei-Jahres-Aufnahme ist. Dieser in zwei Jahren geltende Ein-Jahres-Zinssatz kann bei gegebener Zinsfunktion als ein Gleichgewichtszinssatz angesehen werden und wird als implizierter Zinsterminsatz (hier 7,61%) bezeichnet. Dieser Zinssatz wird dann als Erwartung der Mehrheit der Marktteilnehmer für den in zwei Jahren geltenden Ein-Jahres Geldmarktsatz interpretiert.

Beim Einsatz des bereits als klassisch anzusehenden mittelfristigen Euro-Kredites zu Libor plus (bonitätsabhängigem) Spread und von Euro Bonds mit Floating Rates werden Finanzmittel mittel- bis langfristig zu variablen Zinsen auf Basis z.B. der Sechs Monats Libor Sätze aufgenommen, d.h. die Unternehmen gehen unter Ausschaltung des Prolongationsrisikos bewußt ins Zinsrisiko. Solange es während des Zeitraums der Finanzmittelaufnahme bei konkaver Zinsfunktion nicht zu einem fühlbaren Anstieg des Zinsniveaus kommt, sind auf kurzfristigen Zinssätzen basierende Finanzierungen billiger als die klassischen fristenkongruenten Fixierungen des Zinssatzes. Es besteht aber die Möglichkeit von Zinssteigerungen während der Laufzeit, die über den implizierten Zinsterminsatz hinausgehen. Dieses mit den originären Finanzinnovationen zwingend einhergehende Zinsrisiko soll mit den innovativen derivativen Finanzinnovationen in tragbaren Grenzen gehalten werden. Dem liegt die finanzwirtschaftliche Erkenntnis zugrunde, daß die Übernahme unvermeidlicher, d.h. richtig selektierter Risiken durch den Markt mit höheren Prämien, hier also mit niedrigeren Finanzierungskosten, abgegolten wird.

3 Zins Futures, Zins Forwards, Zinsoptionen und Zinsswaps als Instrumente zum Management von Zinsrisiken

3.1 Zum Begriff von Future, Forward, Option und Swap

Die innovativen Finanzderivate zum Management von Zinsrisiken können zunächst in Future-Geschäfte, Forward-Geschäfte, Options-Geschäfte und Swap-Geschäfte eingeteilt werden. Mit diesen Finanzderivaten kann zwar Zinsmanagement, nicht aber Finanzierung betrieben werden, d.h. es können mit Finanzderivaten (einige) unerwünschte Ausprägungen der Wahrscheinlichkeitsverteilung der Finanzierungskosten vermieden werden, während über die Beschaffung von Finanzmitteln separat zu entscheiden ist. Gemeinsam ist den drei erstgenannten Geschäften, daß zwischen dem Zeitpunkt des Vertragsabschlusses und dem Erfüllungszeitpunkt eine standardisierte oder individuell vereinbarte Frist liegt. Insoweit können diese drei Geschäfte als Termingeschäfte bezeichnet werden, weil sie nicht zur sofortigen Erfüllung abgeschlossen werden. Zum Zeitpunkt des Vertragsabschlusses werden aber die Bedingungen fixiert, d.h. der Preis des Handelsobjektes wird festgelegt. Die Unternehmen können sich damit unabhängig von zwischenzeitlichen Konditionenänderungen machen. Futures und Forwards sind *unbedingte* Termingeschäfte, d.h. beide Marktseiten sind unabhängig von den künftigen Konditionen zur Erfüllung verpflichtet. Demgegenüber handelt es sich bei einem Optionsgeschäft um ein *bedingtes* (asymmetrisches) Geschäft, d.h. eine Marktseite (der Käufer der Option) hat das Recht, nicht aber die Pflicht zur Vertragsabwicklung, während die als Stillhalter bezeichnete andere Marktseite (der Verkäufer der Option) auf Wunsch des Käufers die Vereinbarung erfüllen muß (Franke, 1990, S. 43 ff.; Büschgen, 1993, S. 261 ff.).

Während Futures an Terminbörsen gehandelt werden und daher wegen des Zwanges zur Erreichung eines großen Handelsvolumens notwendigerweise standardisiert sein müssen, können Forwards im so bezeichneten OTC (Over The Counter) Handel durch individuelle, in der Praxis aber ebenfalls (wenn auch geringer) standardisierte Vereinbarungen mit den Banken besser an die betrieblichen Erfordernisse (hinsichtlich Betrag und Zeitraum) angepaßt werden. Als weiterer Unterschied zwischen Futures und Forwards kann festgestellt werden, daß Futures grundsätzlich auf Differenzherauszahlung (d.h. die Handelsobjekte werden nicht ausgetauscht, sondern es kommt nur zu Ausgleichszahlungen hinsichtlich des Preises dieser Objekte) gehandelt werden, während es bei Forwards oft zu einer tatsächlichen Lieferung kommt.

Swapgeschäfte nehmen im Vergleich zu den oben skizzierten Innovationen insofern eine Sonderstellung ein, da sie von der Grundstruktur her als Kombination eines Kassa- (Spot) und eines Termingeschäftes (Forward oder Future) oder zweier Termingeschäfte mit unterschiedlicher Fristigkeit aufgefaßt werden können. Sie sind grundsätzlich Kontrakte über den zeitlich befristeten Austausch (Hin- und Rücktausch) von Handelsobjekten (z.B. Währungen oder Zinsen). In dieser Grundstruktur werden Swapgeschäfte seit Jahrzehnten gehandelt und sind somit nach dem Zeit- und Marktbezug nicht als Innovation anzusehen. Da man mit ihnen aber in jüngerer Zeit zinsflexible Finanzmittel hereinswapt, deren Zinsrisiken dann mit den anderen Innovationen gemanagt werden, können sie dem Merkmalsbezug nach dennoch als innovativ angesehen werden.

3.2 Zur Technik von Zinsswaps

Wenn **Zinsswaps** in *einer* Währung abgeschlossen werden, entfällt der für Swapgeschäfte typische Hin- und Rücktausch der Kapitalbeträge und es werden lediglich die Verpflichtungen zur Zinszahlung aus zwei unterschiedlichen Finanzmittelaufnahmen getauscht. Der Zinsswap ist zwar in Kombination mit einem Währungsswap eine besondere Ausprägung der Swapfinanzierung (Jokisch, 1987, S. 138 ff.), kann aber in der hier betrachteten Variante als eine finanzwirtschaftliche Maßnahme zum Management von Zinsrisiken angesehen werden. Eine Unternehmung A mit guter Bonität möge Finanzmittel auf Basis kurzfristiger Zinsen favorisieren, während ein Unternehmen B mit schwächerer Bonität die Finanzierung mit DM-Festzinskrediten bevorzugt. Beide Unternehmen können in diesem Fall einen Zinsswap vereinbaren und die vom jeweiligen Partner gewünschten Finanzmittel zu Konditionen ihrer jeweiligen Risikoklasse aufnehmen. Swappartner A nimmt also die von Swappartner B gewünschten Finanzmittel zum festen (keine Risikoprämie enthaltenden) Zinssatz vom Euro-Kapitalmarkt auf und Swappartner B nimmt einen Euro-DM Kredit (zu Libor + Spread) auf. Die Zinszahlungsverpflichtungen werden dann getauscht und vom jeweiligen Partner bedient, wobei der zeitliche Rahmen solcher Zinsswaps bis zu zehn Jahre beträgt.

Die Transaktion könnte zu folgenden Bedingungen abgewickelt werden: Die Unternehmung A möge langfristige DM-Finanzmittel zum Kapitalmarktsatz von 7% erhalten können, während Unternehmung B in diesem Fristigkeitssegment 8,5% zu zahlen hat, folglich ein Zinsunterschied von 1,5% besteht. Auf dem Euro-DM-Kreditmarkt herrscht jedoch für diese unterschiedlichen Risikoklassen eine nur geringere Zinsdifferenz. Bei einem Euro-DM-Geldmarktsatz von z.B. 5% hätte eine erste Adresse bei einem Spread von $^3/_8$% für einen Kredit 5 $^3/_8$% zu zahlen, während für die zweite Adresse bei einem Spread von $^7/_8$% Kreditzinsen von 5 $^7/_8$% als typisch anzusehen wären. Die Zinsdifferenz auf diesem Fristigkeitssegment beträgt also nur 0,5%. Swappartner A läßt sich nun von Swappartner B eine Prämie in Höhe von z.B. 1% für die Überlassung der Bonität auszahlen. Beide Swappartner erhalten damit die von ihnen gewünschten Finanzmittel zu Konditionen unterhalb ihrer Bonitätsklasse, d.h. es ergibt sich für beide Seiten eine finanzierungskostensenkende Wirkung. Swappartner A zahlt für den Euro-DM-Kredit mit variablem Zins 4 $^7/_8$% (5 $^7/_8$ - 1), also weniger als den risikofreien Euro-Geldmarktsatz, und Swappartner B hat langfristige DM-Finanzmittel zu 8% (7 + 1) anstelle von 8,5%. Swappartner A betreibt durch diese finanzwirtschaftliche Maßnahme ein Zinsmanagement unter Inkaufnahme von Zinsrisiken, die nun gegebenenfalls durch den Einsatz von Zins Futures, Zins Forwards oder von Zinsoptionen verringert werden können, während Swappartner B aufgrund seiner geringeren Bonität ein Zinsmanagement mit fixierten Zinsen bevorzugt.

3.3 Zur Eignung von Zins Futures und von Zins Forwards zum Management von Zinsrisiken

Zins Future Geschäfte können erst seit 1988 an der Londoner (Liffe) und seit 1991 an der Frankfurter (DTB) Terminbörse getätigt werden. Das größte Handelsvolumen hat der **Bund Future**. Es gibt vier standardisierte Erfüllungstermine im März, Juni, September und Dezember, von denen jeweils die nächsten drei gehandelt werden sollen. Daneben gibt es noch einen Future Markt für die (fünfjährige) Bundesobligation, während der Future Handel mit einer dreißigjährigen Bundesanleihe wegen fehlender Marktliquidität eingestellt wurde. Beim Bund Future werden mit einem Kontrakt DM 250.000 einer fiktiven Bundesanleihe mit einer (festen) Nominalverzinsung von 6% (jährlich nachschüssig zahlbar) und einer Restlaufzeit von 8,5 bis 10 Jahren gehandelt. Dieser Kontrakt kann (je nach Zinserwartung und abzusichernder Position) gekauft und verkauft werden. Entsprechend dem Zusammenhang zwischen Effektivzins und gehandeltem

Kurs muß der Kurs eines Bund Future Kontraktes mit einer Nominalverzinsung von 6% bei einer Marktrendite von zehnjährigen Staatsanleihen von 6,8% unter pari liegen. Der Kurszettel des Handelsblatts weist für den 25.7.1995 einen Kurs in Höhe von 94,28 für die Septemberfälligkeit aus.

Aus Bankensicht wird für den Handel mit Bund Future Kontrakten folgendermaßen geworben: Wenn ein Unternehmen eine Finanzmittelaufnahme zu variablen Zinsen gegen einen (erwarteten oder befürchteten) Anstieg des Zinsniveaus absichern möchte, dann müßte es Bund Future Kontrakte verkaufen. Dabei sollten der Revolvierungszeitpunkt der originären und der Erfüllungszeitpunkt der derivativen Position möglichst nahe beieinander liegen. Zum nächsten Revolvierungszeitpunkt der Finanzmittel hätte es dann zwar höhere Zinszahlungen für die originäre Position (Kredit) zu leisten. Diese Mehrausgaben werden aber (teil-) kompensiert durch eine Einnahme aus der Ausgleichserfüllung des derivativen (Future) Geschäftes. Bei steigenden Zinsen fällt der Kurs der im Umlauf befindlichen Anleihen mit fester Verzinsung. Folglich muß auch der Kurs des Bund Future fallen und das Unternehmen kann zum nächsten Erfüllungstermin den bereits verkauften Bund Future billiger einkaufen bzw. erhält die Differenz zwischen dem Verkaufspreis von 94,28 (vom 25.7.1995) und dem niedrigeren Einkaufspreis vom September-Erfüllungstermin herausgezahlt. Das Bund Future Geschäft wird also im Regelfall nicht durch Lieferung bzw. Abnahme von DM 250.000 Nominalwert einer Bundesanleihe erfüllt, sondern durch die Differenzzahlung des Marktwertes zum Vertragszeitpunkt im Vergleich zum Marktwert des Erfüllungstermins. Die höheren Finanzierungskosten werden also durch die Gewinne aus dem Bund Future Geschäft kompensiert. Die Kompensation ergibt sich auch bei einer Zinssenkung. Zum nächsten Revolvierungstermin würden dann niedrigere Finanzierungskosten anfallen, die durch zu leistende Ausgleichszahlungen bei der Erfüllung des Bund Future Geschäfts wieder ausgeglichen werden, da es infolge der Zinssenkung zu Kurssteigerungen beim Bund Future kommt und das Unternehmen die bereits billiger verkauften Future Kontrakte nun teurer eindecken muß. Insofern sind die Zinsrisiken aus der originären Position immer durch die Zinsrisiken aus der derivativen Position kompensiert. Dieser Effekt wird in der Praktikerterminologie als *Hedging*, also als Eingrenzung von (Zins-) Risiken bezeichnet.

Auch durch **Zins Forward Geschäfte** läßt sich ein vergleichbarer Effekt der Immunisierung der Finanzierungskosten gegenüber Zinsänderungen erzielen. Bei diesen als **Forward Rate**

Agreements (FRAs) bezeichneten innovativen Finanzderivaten handelt es sich um Kontrakte zwischen Unternehmen und Banken über die Fixierung von Zinssätzen für erst in der Zukunft (nach Vorlaufzeiten) beginnende Zeiträume. Es kommt dabei zur Zinszahlung für vereinbarte Kapitalbeträge, ohne daß diese Kapitalbeträge von der Bank dem Unternehmen zur Verfügung gestellt werden müssen. Die Vorlaufperiode kann bis zu 18 Monate, die Gesamtlaufzeit eines solchen Zins Forwards kann bis zu 24 Monate betragen. Über diesen Zeitraum hinaus ist der Markt nicht mehr liquide. Das größte Marktvolumen ist jedoch bei Gesamtlaufzeiten von 12 Monaten zu beobachten. Außer über die Gesamtlaufzeit mit der Vorlauf- und der Zinsperiode (die Formulierung 3 x 9 bedeutet 3 Monate Vorlaufzeit und 9 Monate Zinsperiode) einigen sich die Kontraktparteien über den der Zinszahlung zugrunde liegenden Kapitalbetrag und die jeweilige Währung (bis zu mehreren 100 Millionen DM), den FRA-Zinssatz und den Referenzzinssatz (z.B. Sechs Monats Libor) sowie über die Zeitpunkte, an denen der Forward Zinssatz zur Bestimmung des Herauszahlungsbetrages mit dem Referenzzinssatz verglichen wird.

Aus Bankensicht wird folgendermaßen für den Kauf von Forward Rate Agreements geworben: Durch den Kauf eines FRAs können jetzt oder künftig aufzunehmende zinsvariable Kredite gegen das Risiko steigender Zinsen abgesichert werden. Zu den Referenzzeitpunkten wird der im FRA vereinbarte Zinssatz (z.B. 6%) mit dem Referenzzinssatz verglichen. Bei zwischenzeitlichen Zinssteigerungen des Referenzzinssatzes (z.B. 7% Libor), die zu höheren Finanzierungskosten bei der originären Kreditposition führen, bekommt der Käufer die Differenz zwischen FRA Zinssatz und Referenzzinssatz herausgezahlt. Dagegen muß der Käufer des FRAs bei eingetretenen Zinssenkungen (z.B. 5% Libor) die entsprechende Differenz bei der derivativen Position herauszahlen, hat aber auch niedrigere Finanzierungskosten. Insofern ist der beim Zins Future skizzierte Risikoeingrenzungs- (Hedging) Effekt auch beim Zins Forward gegeben. Damit ist die Wahrscheinlichkeitsverteilung der Finanzierungskosten sicherer gemacht worden, ohne daß Zinszahlungen in der Höhe einer fristenkongruenten Zinsfixierung auf dem originären Finanzmarkt zu leisten sind.

Für eine **Beurteilung** der Zins Future und Forward Geschäfte ist darauf hinzuweisen, daß sowohl Zins Futures als auch Zins Forwards die Wahrscheinlichkeitsverteilung der Finanzierungskosten nur *im kurzfristigen Bereich* stabilisieren. Unabhängig von der tatsächlichen Zinsentwicklung können die auf (niedrigen) Geldmarktkonditionen basierenden Finanzierungskosten ex ante fixiert werden. Die Unternehmung wird nicht mit höheren Zinssätzen belastet, profitiert aber auch nicht von sinkenden Zinssätzen. Das auf den Derivatmärkten mögliche hohe Handelsvolumen kann tendenziell zu geringen Transaktionskosten für die Sicherung eines niedrigen Zinsniveaus bei der originären Position (Kredit) führen. Der Einsatz dieser Finanzderivate ist für die Unternehmung aber nur dann risikolos, wenn die originären Positionen (Finanzmittelaufnahmen zu variablen Zinsen) auch wirklich existieren. Durch Zins Futures und Zins Forwards werden also die aus langfristigen Rentenwerten (underlying) resultierenden Zins- und Kursrisiken gehandelt, ohne daß man die Rentenwerte selbst handeln muß. Der Handel mit Zins Futures und Zins Forwards ohne Existenz der originären Positionen ist damit letzten Endes eine Zins- und (Renten-) Kursspekulation und damit mit erheblichen finanziellen Risiken verbunden. Bereits geringe Zinsänderungen können bei langfristigen Rententiteln (die durch die Derivate nachgebildet werden) große Kursänderungen auslösen.

Das Problem liegt aber im Zeithorizont des Zinsmanagements. Bund Future Kontrakte sind praktisch nur bis zur nächsten Drei Monats Fälligkeit erhältlich und auch Forward Rate Agreements sind nicht über zwei Jahre hinaus handelbar. Für spätere Erfüllungszeitpunkte besteht keine ausreichende Marktliquidität. Insofern können die Zinsen nur für sehr kurze (Bund Future) bzw. mittelfristige Zeiträume (FRA) festgeschrieben werden. Die späteren Revolvierungstermine können erst dann gesichert werden, wenn der Derivatmarkt die entsprechende Liquidität, also das Marktvolumen auf der Angebots- und der Nachfrageseite aufweist. Eine Sicherung ist aber nur zu der dann geltenden Zins- und Kurskonstellation möglich. Nach Zinssteigerungen kann man sich nur vor noch größeren Zinserhöhungen schützen.

Damit wird deutlich, daß nur die unternehmenspolitisch tragbaren Zinsrisiken kurzfristig aufgenommener Finanzmittel durch Bund Futures gemanagt werden können, während die viel gravierenderen Zinsrisiken mittel- bis langfristig aufgenommener Finanzmittel wegen des begrenzten Zeithorizontes nicht ausgeschaltet werden können. Innerhalb des Geldmarktzeithorizontes sind aber die möglichen Zinsgewinne kürzerfristiger Revolvierungen gegenüber Zinsfixierungen nur unbedeutend und können für mittelständische Unternehmen auch durch die Transaktionskosten der Future Geschäfte überkompensiert werden. Für Zins Forwards ist festzustellen, daß die mögliche Sicherungsfrist deutlich länger als bei den Zins Futures ist und insoweit sind sie positiver zu beurteilen. Für die langfristigen Teile des betrieblichen Kapitalfonds ist jedoch auch bei FRAs der

Zeithorizont keinesfalls ausreichend, so daß es sich beim Einsatz dieser Instrumente gegen Zinsrisiken um eine *trügerische Sicherheit* handelt. Dieser Sachverhalt relativiert die Eignung von Zins Futures und Zins Forwards für das Management von Zinsrisiken doch erheblich.

3.4 Zur Eignung von Zinsoptionen zum Management von Zinsrisiken

Eine **Zins Option** ist ein Kontrakt, durch den der Käufer der Option gegen Zahlung einer Optionsprämie an den Verkäufer der Option (Stillhalter) von diesem das Recht, nicht aber die Pflicht erwirbt, für eine bestimmte Zeitspanne nicht mehr als einen fixierten Zinssatz (Basis- oder Strike-Preis) zu zahlen (Call oder Kaufoption für Aufnahmen) oder nicht weniger als den Basispreis zu erhalten (Put oder Verkaufsoption für Anlagen). Das Zinsrisiko einer zinsflexiblen Finanzmittelaufnahme wird also auch hier unabhängig von den Finanzmitteln gehandelt und kann durch den Kauf einer Call Option nach oben begrenzt werden, *ohne daß die positiven Auswirkungen möglicher Zinssenkungen ausgeschlossen werden*. Solche Zinsoptionen werden als *Caps* bezeichnet (Perridon/Steiner, 1995, S. 307 ff.). Ein **Cap** ist demnach ein Kontrakt über eine Zinsobergrenze für einen (separat gehandelten) Kapitalbetrag, der aber im Capvertrag der Höhe nach (erhältlich sind Referenzbeträge bis über 100 Millionen DM) fixiert werden muß. Wenn ein Unternehmen eine Fünf-Jahres Finanzmittelaufnahme auf Basis des Sechs Monats Libor (derzeit: 4,5% + Spread) durchführen möchte, dann könnte es das Zinsrisiko durch einen Cap in Höhe von z.B. 6,5% (Basispreis) begrenzen. Ein solcher langfristiger Capvertrag besteht theoretisch aus zehn einzelnen Capverträgen, die sich auf die Revolvierungszeitpunkte der Finanzmittelaufnahme beziehen. Die Optionen können jeweils zu den vereinbarten Erfüllungsterminen ausgeübt werden. Insofern handelt es sich bei Zinsoptionen wie üblicherweise auch bei Devisenoptionen um *european style options*, während Aktienoptionen grundsätzlich *american style options* sind und damit während der gesamten Laufzeit des Optionsvertrages ausgeübt werden können.

Sollte der im Capvertrag definierte Referenzzinssatz (z.B. Sechs Monats Libor) den fixierten Zinssatz (Basispreis) zu den festgelegten Revolvierungszeitpunkten der originären Position übersteigen, dann erhält der Optionskäufer vom Stillhalter (Optionsverkäufer) die Zinsdifferenz ausgezahlt. Wenn der Referenzzinssatz unter dem vereinbarten Basispreis liegt, dann wird die Option nicht ausgeübt und die *Finanzierungskosten* für den entsprechenden Revolvierungszeitraum ergeben sich aus *Libor + Spread + annualisierter Prämie*. Insofern profitieren die sich gegen Zinsrisiken sichernden Unternehmen bei Zinsoptionen anderes als bei Zins Futures und bei Zins Forwards von sinkenden Zinsen. Die Wahrscheinlichkeitsverteilung der Finanzierungskosten ist nur „nach oben" sicherer gemacht worden, während die erwünschten Zinsrisiken „nach unten" als finanzierungskostensenkende Möglichkeit offen gelassen werden.

Inhalt des Managements der Zinsrisiken ist also die Bestimmung der tragbaren und der nicht tragbaren, folglich zu sichernden möglichen Auswirkungen von Zinsänderungen auf die Finanzierungskosten. Im Rahmen von Optionskontrakten liegt das Entscheidungsproblem in der Festlegung des Basispreises, also der Zinsobergrenze. Mit der Festlegung des Basispreises erfolgt uno actu die Fixierung der Sicherungskosten. Je höher der Basispreis ist, desto niedriger liegt bei Call-Zinsoptionen die ex ante zu zahlende Prämie, weil die Wahrscheinlichkeit der Ausübung der Option immer geringer wird. Die Option (bzw. der Basispreis) ist dann *out of the money*. Umgekehrt gilt für Call-Zinsoptionen, daß bei niedriger angesetztem Basispreis die Optionsprämie steigt, weil die Wahrscheinlichkeit der Ausübung größer wird. Bei Zinsoptionen ist *der* Basispreis *at the money*, der dem implizierten Zinsterminsatz der gegebenen horizontalen Zinsstruktur entspricht. Die Absicherung erfolgt also gegen größere Zinssteigerungen, als sie von der aktuell geltenden Zinsstrukturfunktion reflektiert werden. Bei einem vereinbarten Basispreis unterhalb des implizierten Zinsterminsatzes ist die Call-Zinsoption *in the money*.

Die zu zahlende Optionsprämie kann gedanklich in zwei Elemente aufgespalten werden, in den *inneren Wert* (intrinsic value) und in den *Zeitwert* (extrinsic value) der Option (Hielscher, 1990, S. 71 ff.). Der so bezeichnete *innere Wert* der Option entspricht ihrem Wert bei fiktiver sofortiger Ausübung der Option. Er ergibt sich aus der für den Optionskäufer (Finanzmittelaufnehmer) positiven (vorteilhaften) Differenz zwischen dem Basispreis und dem implizierten Zinsterminsatz der Optionslaufzeit. Daraus folgt, daß nur *in the money* Optionen einen inneren Wert haben, während die Optionsprämie von *at the money* und *out of the money* Optionen nicht durch einen inneren Wert, sondern nur durch den Zeitwert der Option bestimmt wird. Der dann die Höhe der Optionsprämie ausschließlich bestimmende Zeitwert kann für unterschiedliche Basispreise durch eine Wahrscheinlichkeitsverteilung der Inanspruchnahme des Stillhalters durch den Optionskäufer beschrieben werden. Bei *in the money* Optionen ist der hier so bezeichnete innere Wert der Option zusätzlich zum Zeitwert zu zahlen.

Der intrinsic value (innere Wert) ergibt sich allein daraus, daß im Optionsvertrag ein Basispreis gewählt wird, der bei Call-Zinsoptionen unterhalb der Markterwartungen liegt, wie sie sich im implizierten Zinsterminsatz ausdrücken. Für diese „Besserstellung" gegenüber einer möglichen fristenkongruenten Zinsfixierung ist selbstverständlich eine Prämie (abgezinste „Besserstellung") zu zahlen, die aber unabhängig vom eigentlichen Inhalt der Optionsprämie ist, die dafür entrichtet wird, daß man durch die Ausübung der Option gegen mögliche (befürchtete) Zinssteigerungen über den implizierten Zinsterminsatz hinaus gesichert ist und durch ein Verfallenlassen der Option von möglichen (erhofften) Zinssenkungen profitieren kann. Während sonst in der Betriebswirtschaftslehre (z.B. bei der Bewertung der Unternehmung als Ganzes) der ökonomische (investitionstheoretisch fundierte) Wert des Handelsobjektes als *innerer Wert* bezeichnet wird, gibt es in der Terminologie der Optionspreistheorie von diesem Grundsatz eine Abweichung. Als der eigentliche *ökonomische* Wert der Option ist *der* Bestandteil der Optionsprämie anzusehen, der durch den extrinsic value (Zeitwert) bestimmt wird.

Die Unsicherheit über die Optionsausübung ist bei *at the money* Optionen am größten. Je weiter die Option *out of the money* (*in the money*) ist, desto geringer (größer) ist die Wahrscheinlichkeit der Inanspruchnahme des Stillhalters. Somit sind Sicherungsmaßnahmen für den Stillhalter bei *at the money* Optionen am teuersten, weil bereits geringe Konditionenänderungen zu einer Erfüllung des Optionsgeschäftes führen können, und damit wird dann der Zeitwert der Optionsprämie am höchsten sein. Bei *out of the money* Optionen werden Sicherungen für den Stillhalter immer unwichtiger (entbehrlicher) und bei *in the money* Optionen immer wichtiger und damit billiger, da sie über Futures bzw. Forwards getätigt werden können. Folglich ergibt sich um den *at the money* Basispreis eine glockenförmige Verteilung des Zeitwertes der Optionsprämie. *Deep in the money* Optionen haben zwar eine hohe, durch den inneren Wert bestimmte Prämienhöhe, aber nur einen geringen Zeitwert, während die Prämie von *far out of the money* Optionen nur durch das geringe Niveau des Zeitwertes bestimmt wird. Insofern sind starke Zinssteigerungen neutralisierende *out of the money* Zinsoptionen als billig anzusehen, während zu niedrig angesetzte Basispreise bei Call-Zinsoptionen gerade wegen der durchaus noch tragbaren Zinsrisiken als relativ teuer bezeichnet werden können.

Um die im Vergleich zu Zins Futures und Zins Forwards höheren Kosten der Zinsoptionen zu reduzieren, kann erwogen werden, gegen den Kauf einer *out of the money* Call Option einen betragskongruenten Verkauf einer *out of the money* Put Option zu tätigen. Bei einer solchen Put Option handelt es sich um einen **Floor**, den Finanzmittelanleger gegen erwartete/befürchtete Zinssenkungen bei ihren kurzfristigen Anlagen kaufen. Sie sichern sich damit unter Zahlung einer Optionsprämie Mindestzinsen für ihre Anlage, wenn der Referenzzinssatz unter den vereinbarten Basispreis sinkt. Das die Zinsrisiken von Finanzmittelaufnahmen begrenzende Unternehmen müßte also die Put Zinsoption verkaufen, also als Stillhalter fungieren und damit das Risiko übernehmen, bei starken Zinssenkungen an den Käufer des Floors Ausgleichszahlungen leisten zu müssen. Diese möglichen Ausgleichszahlungen in die Put Option würden aber durch niedrige Zinskosten bei der originären Finanzmittelaufnahme kompensiert werden und die gekaufte Call-Zinsoption könnte man verfallen lassen. Umgekehrt würde das Unternehmen bei starken Zinssteigerungen die Call Option ausnutzen, während die Käufer der Put Zinsoption diese verfallen lassen würden, da sie für die originären Anlage-Positionen höhere Zinsen bekommen. Eine solche Konstruktion des *Kaufs* einer Call Zinsoption und des *Verkaufs* einer Put Zinsoptionen wird als **Collar** bezeichnet und reduziert das Zinsrisiko durch die Wahl der Basispreise auf eine tragbare Bandbreite der Finanzierungskosten. Sowohl sehr ungünstige, als auch sehr günstige Zinskonditionen werden vermieden und die Prämieneinnahmen aus dem Verkauf der Put Zinsoption verringern die Prämienausgaben der gekauften Call-Zinsoption. Auch wenn man durch diese Kombination verschiedener Finanzinnovationen bei Zinsoptionen nicht wie bei Devisenoptionen zu so bezeichneten *Zero Cost Optionen* kommt, so kann doch festgestellt werden, daß eine solche Übernahme tragbarer Zinsrisiken unter Ausschluß als untragbar angesehener Zinsrisiken die Finanzierungskosten gegenüber den klassischen Maßnahmen des Zinsmanagements durch Zinsfixierungen über die gesamte Laufzeit der Finanzmittelaufnahme reduzieren kann.

Es kann angesichts des großen Marktvolumens und der Bonität der Marktpartner kein Zweifel daran bestehen, daß der wohl erwogene Einsatz von Zinsoptionen durchaus als sinnvoll anzusehen ist. Im Gegensatz zu Zins Futures und Zins Forward können Zinsoptionen auch für längere (5 bis 10 Jahre) Zeiträume erworben bzw. verkauft werden und sichern daher ein aktuell als besonders günstig angesehenes Zinsniveau gegen im langfristigen Bereich immer existente große Zinsrisiken. Aus diesem Grunde können Zinsoptionen für genügend große Beträge als sinnvolles Derivat der Finanzmittelmärkte angesehen werden, die mit originären Instrumenten der Finanzmittelaufnahme kombiniert werden müssen.

4 Zusammenfassende Beurteilung des Einsatzes derivativer Finanzinnovationen

Damit ist dargelegt, daß der kombinierte Einsatz innovativer Finanzderivate und originärer Finanztitel grundsätzlich als eine gegenüber traditionellen Festzinsinstrumenten die Finanzierungskosten senkende und die Zinsrisiken begrenzende Maßnahme anzusehen ist. Die skizzierten kompensatorischen Wirkungen der Futures und Forwards und die einseitig die Wahrscheinlichkeitsverteilung „verbessernden" Wirkungen der Optionen treten aber nur dann ein, wenn die Derivate kongruent mit originären Finanztiteln eingesetzt werden. Die hier nicht diskutierten Überlegungen zur kongruenten Abstimmung der Höhe der einzusetzenden Derivatkontrakte mit den zu sichernden originären Positionen werden in der Literatur als Problem zur Ermittlung der *Hedge-Ratio* (Steiner/Meyer, 1993, S. 735 ff.) behandelt. Es fällt auf, daß alle von Banken (als den am Handel mit Derivaten verdienenden Institutionen) genannten Anwendungsbeispiele immer von solchen „Hedging"-Überlegungen ausgehen, obwohl angesichts des großen Marktvolumens der Finanzderivate nicht übersehen werden kann, daß diese Instrumente auch (oder sogar überwiegend?) „offen", also ohne die originären Titel, eingesetzt werden. Dann handelt es sich aber eindeutig um Zinsspekulationen, als deren Ergebnis sich große Gewinne, aber auch Verluste ergeben können. Unter einer (Zins-) Spekulation ist die „durch die realen Gegebenheiten unzureichend begründete (feste) Erwartung, daß bestimmte Ereignisse ... eintreten werden" (Wörterbuch der deutschen Gegenwartssprache, 1976, S. 3484) zu verstehen. Künftige Zinssätze können wie alle anderen künftigen Finanzkonditionen nicht verläßlich, also durch die realen Gegebenheiten begründet, vorausgesagt werden. Selbst die Richtung der Zinsänderung ist nicht gesichert vorhersagbar, sonst wäre es nach dem Zusammenhang zwischen Zins- und Kursrisiko möglich, risikolos Geld zu verdienen. Es unterliegt daher keinem Zweifel, daß die beschönigend als *Trading* bezeichneten (Zins-) Spekulationen bei Banken und Nicht-Banken zu beträchtlichen Schieflagen führen können.

Letztlich werden die Unternehmen von den Banken auch bei sinnvoller (kongruenter) Anwendung der Finanzinnovationen zu einer begrenzten Zinsspekulation aufgefordert. Mit den Derivaten kann man sich jeweils nur gegen Zinssteigerungen absichern, die über das in der gegebenen Zinsstruktur reflektierte Ausmaß hinaus eintreten. Insofern müssen die dem Einsatz der Derivate zugrundeliegenden Zinsprognosen besser als die Prognosen der Mehrheit der Marktteilnehmer sein, wie sie im implizierten Zinsterminsatz zum Ausdruck kommen. Nach der Markteffizienzhypothese und der Random walk Hypothese gibt es jedoch keine Experten, die solche Zinsvorhersagen auf Dauer erfolgreich machen können, sondern Experten erkennt man daran, daß sie sich solcher Vorhersagen enthalten und ausgehend von den aktuellen Konditionen (die allen Marktteilnehmern bekannt sind) lediglich eine Wahrscheinlichkeitsverteilung der Zinssätze aufstellen.

Grundsätzlich kann das Ziel eines Managements von Zinsrisiken auch die Zinsspekulation sein, also die Wahl einer „unsicheren" Wahrscheinlichkeitsverteilung der finanziellen Ergebnisse. Angesichts der großen leistungswirtschaftlichen und finanzwirtschaftlichen Risiken streben jedoch seriös geführte, d.h. die finanzwirtschaftlichen Erkenntnisse berücksichtigende Unternehmen eine Verbesserung der Risikosituation an. Während eine Immunisierung der Finanzierungskosten gegenüber Zinsrisiken bei den klassischen Finanzierungsinstrumenten nur unter Inkaufnahme höherer Finanzierungskosten möglich ist, kann die Übernahme von begrenzten Zinsrisiken sich finanzierungskostensenkend auswirken, wenn die Zinsrisiken durch Zins Futures und Zins Forwards im kurz- und mittelfristigen Bereich und durch Zinsoptionen im langfristigen Bereich reduziert werden.

5 Literaturverzeichnis

Büschgen, Hans E.: Internationales Finanzmanagement, 2. Aufl., Frankfurt 1993

Franke, G./Hax, H.: Finanzwirtschaft des Unternehmens und Kapitalmarkt, 2. Aufl., Berlin 1990

Franke, Günter: Grundlagen der Options- und Futures-Kontrakte, in: Göppl, v.H./Bühler, W./Rosen, v.R. (Hrsg.): Optionen und Futures, Frankfurt 1990, S. 43-63

Hielscher, Udo: Nationale und internationale Rentenmärkte, in: Jokisch, J./Raettig, L./Ringle, G. (Hrsg.): Finanz-, Bank- und Kooperationsmanagement, Frankfurt 1989, S. 65-80

Hielscher, Udo: Investmentanalyse, München 1990

Jokisch, Jens: Betriebswirtschaftliche Währungsrisikopolitik und Internationales Finanzmanagement, Stuttgart 1987

Jokisch, Jens: Länderrisiken und Zinsniveau, in: Marcharzina, K.Welge, M.: Handwörterbuch Export und Internationale Unternehmung (HWInt), Stuttgart 1989, Sp. 1255-1268

Karten, Walter: Die Unsicherheit des Risikobegriffs, in: Braess, P./Farny, D./Schmidt, R. (Hrsg.): Praxis und Theorie der Versicherungsbetriebslehre, Karlsruhe 1972, S. 147-169

Matschke, Manfred Jürgen: Finanzinnovationen, Clausthal-Zellerfeld 1987

Perridon, L./Steiner, M.: Finanzwirtschaft der Unternehmung, 8. Aufl, München 1995

Schneeweiß, Hans: Entscheidungen bei Risiko, Berlin 1967

Steiner, M./Meyer, F.: Hedging mit Financial Futures, in: Gebhardt, G./Gerke, W./Steiner, M. (Hrsg.): Handbuch des Finanzmanagements, München 1993, S. 721-749

Süchting, Joachim: Finanzmanagement, 6. Aufl., Wiesbaden 1995, (5. Aufl. 1991)

Wörterbuch der deutschen Gegenwartssprache, Bd. 5, Berlin 1976

Fremdwährungsfakturierung und Netting

Dr. Kurt Bock

Zentralabteilung Finanzen und Bilanzen, Robert Bosch GmbH, Stuttgart

1 Einleitung

Fremdwährungsfakturierung und Netting sind zentrale Bestandteile des Währungsmanagements in der Bosch-Gruppe. Das Währungsmanagement zielt auf die Vermeidung, Steuerung und Optimierung von Währungsrisiken im Konzern und ist damit Teil des finanziellen Risikomanagements (Franke, Menichetti, 1994, S. 677).

Die unternehmerische Auseinandersetzung mit Währungsrisiken ist in einer arbeitsteilig verknüpften Weltwirtschaft unabhängig von der Unternehmensgröße und den zum Einsatz kommenden Instrumenten. Fremdwährungsfakturierung und Netting stellen einen möglichen Weg dar, Währungsrisiken zu erfassen, zu steuern und ergebnismäßig zu optimieren. Beide Instrumente werden seit einigen Jahren bei Bosch eingesetzt. Damit wurde den veränderten Rahmenbedingungen Rechnung getragen: Die weiter zunehmende Internationalisierung der Bosch-Gruppe und die damit verbundenen erhöhten Währungsrisiken, die durch den de facto-Zusammenbruch des europäischen Währungssystems 1992 und die Anfang 1995 nochmals verstärkte „Flucht" in die DM für viele Unternehmen zum Teil dramatische Konsequenzen hatten.

Vom Gesamtumsatz der Bosch-Gruppe 1994 in Höhe von 34,5 Mrd. DM wurden 18,6 Mrd. DM bzw. 54% außerhalb von Deutschland erzielt. Der Anteil der Überseemärkte hieran betrug mit 7 Mrd. DM rund 20% vom Gesamtumsatz. Der Export aus Deutschland beläuft sich auf rund 11 Mrd. DM.

Gleichzeitig ist die internationale Verflechtung der Bosch-Gruppe weiter gestiegen. Der weltweite Fertigungsverbund wird ausgebaut, damit steigt der Wertschöpfungsanteil außerhalb des DM-Raums. Die Globalisierung wichtiger Abnehmerbranchen - insbesondere im Automobilbereich - erfordert eine weltweite Präsenz und die Nutzung der unter Bewertung aller Aspekte günstigsten Fertigungsstandorte. Die Kunden fordern in zunehmendem Maße nicht nur die Belieferung aus ausländischen Fertigungen für ihre dortigen Werke, sondern auch für die deutschen Standorte. Bosch hat heute 88 Fertigungsstandorte in 22 Ländern außerhalb Deutschlands. Außerhalb Europas werden 50 Fertigungsstätten in derzeit einem Dutzend Ländern betrieben.

Im Folgenden sollen die Beweggründe für die Einführung von Fremdwährungsfakturierung und Netting dargestellt werden. Danach wird das daraus resultierende System des zentralen Währungsmanagements in seinen Grundzügen erläutert, um anschließend mögliche allgemeine Erfahrungen für andere Unternehmen abzuleiten. Dabei wird sich zeigen, daß einerseits ein System des Währungsmanagements maßgeschneidert auf die Bedürfnisse des Unternehmens anzupassen ist, gleichzeitig aber auch allgemeine Rückschlüsse für Unternehmen unterschiedlicher Größe und Struktur möglich sind.

2 Fremdwährungsfakturierung und Zentrales Devisenmanagement

Aus Sicht eines produzierenden Unternehmens ist zur Vermeidung von Währungsrisiken grundsätzlich die Fakturierung in derjenigen Währung am günstigsten, in der der überwiegende Teil der Wertschöpfung stattfindet. In deutschen Unternehmen ist dies in der Regel die DM. Ob im grenzüberschreitenden Warenverkehr tatsächlich eine DM-Fakturierung möglich ist, hängt von der relativen Wettbewerbsposition von Lieferant und Kunde ab. Normalerweise wird es der Kunde sein, der die für ihn günstigste Währung festlegen kann. Er wird die gegenüber fast allen anderen Währungen kontinuierlich aufwertende DM in der Regel meiden. Sein Ziel ist es, Preise in seiner Heimatwährung zu vereinbaren, um abwertungsbedingte Nachteile auf den Lieferanten abzuwälzen. Sollten im Falle langfristiger Lieferverträge Nachverhandlungen aufgrund von Preis- und Währungsverschiebungen notwendig werden, befindet er sich in jedem Falle in der günstigeren Position, da sein Lieferant Nachbesserung verlangen muß.

Spiegelbildlich gilt dies natürlich für den deutschen Importeur. Er wird auf Fakturierung in Fremdwährung drängen, zumindest eine Währungsgleitklausel vereinbaren, bei der Währungskurse außerhalb einer festzulegenden Schwankungsbreite zu automatischen Preisanpassungen führen. Sowohl im Verkauf wie im Einkauf handelt es sich aber nicht um isolierte Entscheidungen. In beiden Fällen sind sie Gegenstand der Verhandlungen über Preise, Liefer- und Zahlungsbedingungen. Die Währungsturbulenzen der letzten Jahre haben dazu geführt, daß dem Thema Währung in diesen Verhandlungen eine wesentlich größere Aufmerksamkeit geschenkt wird.

Fakturierung in der Währung des ausländischen Kunden ist aus Sicht eines deutschen Exporteurs also weder wünschenswert noch von ihm autonom festzulegen. Festgelegt werden kann hingegen die Fakturierungswährung für den Lieferverkehr zwischen den Gesellschaften der Bosch-Gruppe. Mit der Wahl einer Fakturierung in DM oder der ausländischen Währung wird eine Entscheidung über die Verteilung von Währungsrisiken im Konzern getroffen, deren Folgen nur vordergründig mit der klassischen Diskussion über die Vor- und Nachteile einer zentralen oder dezentralen Währungskurssicherung zusammenhängen (Davis, Militello, 1995, S. 6). In erster Linie geht es um die Frage, nach welchen Regeln und Mechanismen die Abstimmung zwischen den fertigenden Bereichen und den marktbearbeitenden Einheiten zu erfolgen hat.

Auf diese Frage gibt es keine eindeutige Antwort. Unternehmen haben hierzu ihre eigenen Rezepte entwickelt, die zum Teil diametral entgegen gesetzt sind (Economist Intelligence Unit, 1992; Greenwich Associates, 1993, S. 23). Abseits von betriebswirtschaftlichen Erwägungen spielen in diesem Zusammenhang offenbar auch Erfahrungen, „Faustformeln“ und quasi philosophische Überzeugungen eine Rolle. Die Entscheidung zur Einführung der Fremdwährungsfakturierung in der Bosch-Gruppe wurde durch folgende Entwicklungen beschleunigt:

- die abnehmende Bereitschaft ausländischer Kunden, eine Fakturierung in DM zu akzeptieren mit der Folge, daß Bosch Gesellschaften im Ausland zunehmend Währungsrisiken zu tragen haben, wenn sie Erzeugnisse aus nicht-lokaler Fertigung in Landeswährung fakturieren müssen,

- der steigende Anteil der Direktfakturierung an ausländische Kunden ohne Einschaltung der ausländischen Bosch-Gesellschaft als Zwischenhändler,

- die zunehmenden weltweiten Lieferverflechtungen zwischen den Gesellschaften der Bosch-Gruppe und

- die Möglichkeit einer zentralen Saldierung von Fremdwährungseinnahmen mit entsprechenden Ausgaben in Fremdwährung, im folgenden als Devisen-Netting bezeichnet.

Gegen die Aufgabe der DM-Fakturierung werden folgende Gründe vorgebracht: Der inländische liefernde Bereich verliere scheinbar das Instrument zur Steuerung der Auslandsgesellschaften. Die latente DM-Aufwertung zwinge die ausländische Konzerngesellschaft zur ständigen Senkung der Vertriebskosten und zur Nutzung aller Preiserhöhungsspielräume. Ob dieser Mechanismus tatsächlich richtig ist, hängt von den jeweiligen Wettbewerbsverhältnissen und den grundsätzlichen Marktanteils- und Ergebniszielen im lokalen Markt ab.

In jedem Falle führt Fremdwährungsfakturierung im Falle der DM-Aufwertung zu einem vorübergehenden wind-fall-profit bei der Auslandstochter und zu einer sofortigen Ergebnisbelastung im Inland. Eine Umstellung der Fakturierungswährung von DM auf Fremdwährung erfordert dementsprechend eine Anpassung der Spielregeln im Konzern. Diese Neufestlegung von Spielregeln für Planung, Steuerung und Berichterstattung muß bei der Umstellung Priorität vor Fragen des eigentlichen Währungsmanagements haben. Nur so kann sichergestellt werden, daß der Gesamterfolg des Unternehmens nicht niedriger sein wird als bei einer DM-Fakturierung.

Mit Einführung der Fakturierung an ausländische Konzerngesellschaften in deren eigener Währung entfällt für diese Unternehmen der größte Teil des bisherigen Währungsrisikos. Lieferungen zwischen ausländischen Gesellschaften in verschiedenen Ländern stellen allerdings für eine der beteiligten Gesellschaften weiterhin ein Währungsrisiko dar. Gleiches gilt für Lieferungen an Kunden in einem anderen Land. Beide Risiken nehmen aufgrund der zunehmenden Vernetzung der weltweiten Lieferströme weiter zu. Für diese Fälle gibt es grundsätzlich die Möglichkeit, das Währungsrisiko ebenfalls durch entsprechende Fakturierungswege bei der Mutter entstehen zu lassen.

Mit der Umstellung auf Fremdwährungsfakturierung ist das Währungsrisiko aus dem Export weitgehend im Inland konzentriert. Bevor über die Absicherung dieser Zahlungsströme mittels entsprechender Instrumente gesprochen werden sollte, müssen alle Maßnahmen zur Minderung des ökonomischen Währungsrisikos eingesetzt werden. Hierzu gehört neben der - langfristig wirkenden - Standortpolitik vor allem der verstärkte Einkauf im Ausland und in der jeweiligen Fremdwährung. Ziel muß dabei der weitgehende Ausgleich von Zahlungsüberschüssen und Zahlungsbedarf in den einzelnen Währungen sein.

Ein stärkerer Einkauf im Ausland setzt voraus, daß die Kriterien Qualität, Liefersicherheit und Preise/Zahlungsbedingungen erfüllt werden können. Die Forderung nach Zahlung in der Heimatwährung des Lieferanten ist dann eine zusätzliche Optimierung, deren Notwendigkeit daran zu erkennen ist, daß die Lieferanten häufig versuchen, durch Nachbesserung bei anderen Lieferkonditionen die DM-Fakturierung aufrechtzuerhalten.

Die „natürliche Kurssicherung" mittels Devisen-Netting wird durch Fakturierung in Fremdwährung grundsätzlich erleichtert. Die Währungsströme und -risiken sind eindeutig identifizierbar, die Auswirkungen von künftigen Wechselkursänderungen auf den Unternehmens-Cash-Flow leichter zu berechnen. Währungsüberschüsse können bei Bedarf für künftige Zahlungen vorübergehend angelegt werden. Instrumente zur Optimierung dieser Zahlungsströme sind Devisenbilanzen, die sowohl für einzelne Bereiche als auch das Gesamtunternehmen ermittelt werden können (s.a. Pausenberger, Glaum, 1993, S. 770 ff).

Als erstes Fazit ist festzuhalten, daß die Ablösung der DM durch eine Fremdwährungsfakturierung finanzwirtschaftlich angeraten sein kann, daß hierzu an erster Stelle jedoch die Folgen für die Beziehung Unternehmen - Kunde und zwischen den Konzerngesellschaften zu prüfen sind. Ist die Entscheidung gefallen, ermöglicht Fremdwährungsfakturierung die zentrale Erfassung des Währungsexposures und der daraus resultierenden Umsatz- und Ergebnisrisiken. Damit sind erst die Voraussetzungen für die Einrichtung eines zentralen Devisenmanagements gegeben (Glaum, Roth, 1993, S. 1199).

Ein zentrales Devisenmanagement setzt „Leitlinien der Kurssicherung" voraus. Auch auf diesem Gebiet gibt es eine Vielzahl von Gestaltungsmöglichkeiten, die in jedem Einzelfalle die Bedürfnisse des jeweiligen Unternehmens zu berücksichtigen haben (Goodman, Rossmiller, 1995, S. 3). Im Falle der Bosch-Gruppe gelten folgende grundsätzliche Festlegungen:

- Das Währungsexposure umfaßt die in einem bestimmten Zeitraum erwarteten Zahlungseingänge und -ausgänge, unabhängig davon, ob es sich um gebuchte Positionen, um Auftragsbestände oder um Planumsätze bzw. geplante Bezüge handelt.

- Gegenstand der Kurssicherungsüberlegungen ist der Saldo von Zahlungseingängen und -ausgängen. Es wird also in der Regel keine Bruttoabsicherung einzelner Grundgeschäfte vorgenommen. Eine Abweichung vom Nettoprinzip kann z.B. im Falle der auftragsgebundenen Einzelfertigung im Projektgeschäft erfolgen. Dem exportierenden Bereich wird dann ein fester Terminkurs zugesagt, wobei die eventuelle Glattstellung der Position im Rahmen der Gesamtoptimierung des Währungsexposure geprüft wird (zu den Kurssicherungs-Instrumenten sh. Ochynski, Wermuth, 1994, S. 81 ff).

- Durch die pauschale Kurssicherung ist in der Regel keine Zuordnung von Kurssicherungsgeschäft zu einem einzelnen Grundgeschäft möglich. Das Ergebnis der Kurssicherung ist dementsprechend nicht direkt dem liefernden bzw. empfangenden Bereich zuzuordnen. Das Währungsergebnis muß deshalb geschlüsselt werden.

- Voraussetzung dafür ist die eindeutige Erfassung der Ergebnisse der Währungssicherung. Durch entsprechende Maßnahmen ist eine Transparenz des Währungsergebnisses sicherzustellen, mit der Aufschluß gegeben wird über den Erfolg einer vorgenommenen, aber auch einer unterlassenen Kurssicherungsmaßnahme (Glaum, Roth, 1993, S. 1193; Fastrich, Hepp, 1991, S. 405). Dies bedarf einer entsprechenden systemtechnischen Unterstützung.

Für die Bosch-Gruppe Inland bedeutet dieses Vorgehen eine Reduzierung der Währungspositionen um rund zwei Drittel. Dementsprechend niedriger fällt das potentielle Kurssicherungsvolumen aus. Zusammen mit den durch die zentrale Kurssicherung ermöglichten Synergien bei Personal- und Sachkosten, Bankkonditionen, Expertise und einem gegenüber der dezentralen Kurssicherung verbesserten Timing führt die Fremdwährungsfakturierung zu einer besseren Erfassung von Währungsrisiken und niedrigeren Kurssicherungskosten (Gates, 1994, S. 13).

Um diese Effekte in möglichst großem Maße zu erzielen, bedarf es allerdings zusätzlich einer Optimierung der Zahlungsströme im Konzern. Hierzu wird in der Bosch-Gruppe das Instrument des „Multilateralen Zahlungsverkehrs-Netting“ eingesetzt.

3 Zahlungsverkehrs-Netting

Zahlungsverkehrs-Netting umfaßt die Saldierung konzerninterner Zahlungsströme und zielt auf eine Minimierung von unternehmensinternen Zahlungen ab. Als Technik für die Verrechnung von Zahlungsverpflichtungen wird Netting schon seit vielen Jahren in multinationalen Unternehmen eingesetzt (s.a. Fastrich, Hepp, 1991, S. 316 ff). Bosch setzte seit jeher ein bilaterales Netting ein. Dabei wurden die Zahlungsverpflichtungen zwischen zwei Gesellschaften, in der Regel zwischen der Mutter und einem Tochterunternehmen, gegenseitig verrechnet, um anschließend nur die Differenz zu belasten oder gutzuschreiben.

Mit der Einführung der Fremdwährungsfakturierung in der Bosch-Gruppe wurde ein multilaterales Netting-Verfahren eingeführt. Die weltweite Verrechnung von gegenseitigen Forderungen und Verbindlichkeiten erfolgt hierbei gleichzeitig zwischen einer Vielzahl von Gesellschaften und Ländern. Voraussetzung hierfür ist die Einrichtung eines „Netting-Center“, dem sternförmig alle relevanten Informationen zufließen und in dem Nettosalden für die einzelnen Gesellschaften ermittelt werden. Die Vorteile bestehen in einer Minimierung

- der Anzahl von Transaktionen und damit Überweisungsgebühren
- des Zahlungs- und Devisenvolumens sowie
- der Reduzierung von Wertstellungsverlusten.

Multilaterales Netting ist damit ein Instrument zur Rationalisierung im Cash- und Devisenmanagement. Die direkt quantifizierbaren Kostenvorteile für Bosch betragen:

- Reduzierung der Anzahl von Zahlungen um fast 99%
- Minderung des Zahlungsverkehrsvolumens um 60%
- Minderung des Devisenhandelsvolumens um 65%
- Konzentration des Zahlungsverkehrs auf wenige, besonders leistungsfähige Banken.

Unter Berücksichtigung der taggleichen Wertstellung bei Zahlungsleistenden und Zahlungsempfängern sind die Kosteneinsparungen durch die Einführung des Netting einfach zu ermitteln.

Voraussetzung für die Einrichtung eines multilateralen Nettings ist die Anpassung der Zahlungsbedingungen in der Form, daß ein Ausgleich nur einmal pro Zeitintervall (idR monatlich) erfolgen kann. Die am Netting teilnehmenden Gesellschaften haben mit den im voraus festgelegten Zahlungsterminen und den zur Verfügung gestellten Informationen bessere Voraussetzungen für ihre Liquiditätsplanung und -disposition und können Abwicklungsaufgaben im Debitoren- und Kreditorenbereich weiter erheblich rationalisieren. Beim monatlichen Zahlungsausgleich kann die Gesellschaft ferner festlegen, ob sie den Saldenausgleich in ihrer eigenen und/oder einer fremden Währung leisten bzw. erhalten möchte. Diese Zahlung erfolgt ausschließlich zwischen der Gesellschaft und dem Netting-Center. Die Abrechnung erfolgt zu den für alle Gesellschaften einheitlichen Wechselkursen des Netting-Stichtags.

Neben der Optimierung des „Mengengerüsts“ und damit der Erzielung von Rationalisierungsvorteilen stellt Netting aus Sicht des zentralen Währungsmanagements vor allem auch ein Instrument dar, um zentral Fremdwährungsströme rationell zu erfassen, das Währungsexposure der Bosch-Gruppe zu ermitteln und ggf. abzusichern. Die Datenbasis für ein zentrales Währungsmanagement kann damit deutlich verbessert werden. Insbesondere die Regelmäßigkeit der Netting-Zyklen ermöglicht eine zeitnahe und relativ präzise Prognose von Währungsrisiken. Währungspositionen aus Lieferungen und Leistungen zwischen zwei ausländischen Gesellschaften der Bosch-Gruppe werden so automatisch ermittelt und können bei der zentralen Erarbeitung von Kurssicherungsvorgaben für die Auslandsgesellschaften berücksichtigt werden.

Zahlungsverkehrs-Netting erleichtert die Liquiditätsplanung der Netting-Teilnehmer. Die Möglichkeit, Zahlungen in der eigenen Währung zu leisten bzw. zu empfangen, entläßt die Gesellschaften allerdings nicht aus der Pflicht, Währungsrisiken zu erfassen und Kurssicherungen ggf. vorzunehmen, wenn die dem Netting zugrunde liegenden Zahlungsströme in einer fremden Währung generiert werden. Zahlungsverkehrs-Netting ist insofern säuberlich zu trennen vom Devisen-Netting.

Die Erfahrungen in der Bosch-Gruppe mit dem Zahlungsverkehrs-Netting sind insgesamt positiv: Neben dem Erzielen von Kosten- und Skaleneffekten in der Zahlungsabwicklung liefert das Netting-System die notwendige Transparenz der Fremdwährungssströme und bildet damit die Basis für eine effizientere Kurssicherungspolitik. Die Gültigkeit dieses Fazits wird nur dadurch geschmälert, daß Netting in einigen für die Bosch-Gruppe wichtigen Ländern, insbesondere in Brasilien, aufgrund devisenrechtlicher Beschränkungen noch nicht möglich ist und es derzeit auch nur mit Konzern-Gesellschaften durchgeführt werden kann.

4 Zusammenfassung

Fremdwährungsfakturierung und Netting sind Methoden zur Optimierung der finanzwirtschaftlichen Steuerung eines Unternehmens. Das gilt vor allem für international tätige Unternehmen mit Fertigungen in verschiedenen Ländern und einem intensiven konzerninternen Lieferverkehr. Für Unternehmen mittlerer Größe wird dieses Thema in dem Maße an Bedeutung gewinnen, wie die Nachteile des Standortes Deutschland durch zunehmende Fertigung im Ausland kompensiert werden sollen.

Ausgangspunkt für die Optimierung von Zahlungs- und Devisenströmen ist die Analyse der Markt- und Wettbewerbsverhältnisse. Grundsätzlich ist die Fakturierung in der Währung des hauptsächlichen Kostenanfalls vorzuziehen, wenn hieraus keine sonstigen Wettbewerbsnachteile entstehen können.

Fremdwährungsfakturierung im Konzern bedeutet eine bestimmte Verteilung von Chancen und Risiken zwischen den jeweils liefernden und empfangenden Gesellschaften. Solange in Deutschland noch mehr gefertigt wird als im heimischen Markt abgesetzt werden kann, die deutschen Gesellschaften also Nettoexporteure sind, führt Fremdwährungsfakturierung zur Risikoallokation im Inland. Bei einer stetig aufwertenden D-Mark bedeutet das eine Ergebnisbelastung der deutschen Gesellschaften.

Die Auslandsgesellschaften müssen nicht unmittelbar auf eine Abwertung ihrer Heimatwährung reagieren, allerdings zeitversetzt Preiserhöhungen akzeptieren, die sie im Markt durchsetzen müssen.

Der weitgehenden Bündelung von Währungsrisiken in Deutschland entspricht die Einrichtung eines zentralen Währungsmanagements. Hierfür sind zahlreiche Lösungen möglich. Bosch entschied sich für ein System, bei dem das gesamte Währungsexposure des Unternehmens, und zwar auf saldierter Basis, d.h. nach Aufrechnung von erwarteten Deviseneingängen und -zahlungen Orientierungsgröße ist. Ferner wurde Wert auf eine einfache, keine wesentlichen zusätzlichen Strukturkosten verursachende Abwicklung gelegt. Das wäre mit dem Prinzip der Einzelabsicherung auf Bruttobasis, bei der die Finanzabteilung quasi als interne Bank tätig geworden wäre, nur begrenzt möglich gewesen. Wie auch bei anderen finanzwirtschaftlichen Fragestellungen gilt im Währungsmanagement der Grundsatz, daß das Interesse des Gesamt-Unternehmens vor dem Einzelinteresse von Bereichen und Gesellschaften rangiert.

Erfolg und Mißerfolg des Währungsmanagements sind jedoch noch von anderen, weniger deterministischen Faktoren abhängig. Hierzu ist ein entsprechendes System zur Risikosteuerung zu entwickeln. Die Systematik des „Value at Risk" ist ein möglicher Weg, um festzustellen, mit welcher Wahrscheinlichkeit Kurs- und damit Ergebnisschwankungen auftreten können. Die Statistik liefert Hinweise, ersetzt aber nicht die Notwendigkeit, Entscheidungen zu treffen. Die Erfahrung zeigt, daß die Kurssicherungspolitik erfolgreich ist, wenn im Rückblick 51% der Entscheidungen richtig waren.

Am wichtigsten für den Unternehmenserfolg sind deshalb die den hier geschilderten Überlegungen vorgelagerten Entscheidungen zur Reduzierung des wirtschaftlichen Währungsrisikos des Unternehmens: Ausgleich von Fremdwährungsströmen durch eine langfristig angelegte Standortpolitik, durch Einkauf in Weichwährungsländern und durch Optimierung des weltweiten Fertigungsverbundes.

5 Literaturverzeichnis

Davis, H. A./ Militello, F. C.: Foreign Exchange Risk Management: A Survey of Corporate Practices, Financial Executives Research Foundation, New York 1995

Economist Intelligence Unit: Creating World-Class Financial Management: Strategies of 50 Leading Companies, New York, 1992

Fastrich, H./Hepp, S.: Währungsmanagement international tätiger Unternehmen, Stuttgart 1991

Franke, G./Menichetti, M.: Management von Währungsrisiken, in: Siegwart, H./Mahari, J./Abresch, M. (Hrsg.):Finanzielle Führung, Finanzinnovationen & Financial Engineering, Teilband 2, , Stuttgart, Zürich, Wien, 1994, S. 667-683

Gates, Stephen: The Changing Role of the Finance Function, The Conference Board Europe, Report Number 1087-94-RR, 1994

Glaum, M./Roth, A.: Wechselkursrisiko-Management in deutschen internationalen Unternehmen, Zeitschrift für Betriebswirtschaft, 11/1993, S. 1181-1206

Goodman, S./Rossmiller, S. M.: Managing Derivative Risk, Fitch Research, Special Report, New York, 1995

Greenwich Associates: Der Greenwich Report 1993, Verhaltensweisen, Bedürfnisse und Wünsche von deutschen Großunternehmen und institutionellen Anlegern im Finanzbereich, o.O., 1994

Ochynski, W./Wermuth, D.: Strategien an den Devisenmärkten, Wiesbaden, 1992

Pausenberger, E./Glaum, M.: Management von Währungsrisiken, in: Gebhardt, G./Gerke, W./Steiner, M. (Hrsg.): Handbuch des Finanzmanagements, München, 1993, S. 763-785

Beteiligung von Kapitalbeteiligungsgesellschaften an mittelständischen Unternehmen

Prof. Dr. Norbert Loos

Geschäftsführender Gesellschafter der BW-Kapitalbeteiligung GmbH

1 Einführung

Die hinter uns liegende schwerste Rezession seit dem zweiten Weltkrieg hat eine der gravierendsten Schwächen der deutschen Wirtschaft und insbesondere der mittelständischen Unternehmen schonungslos offengelegt: Die Eigenkapitalausstattung und die Eigenkapitalstruktur. Diese Krise hat weiter gezeigt, daß wir bei unternehmensstrategischen Überlegungen zu lange bewußt oder häufig aber auch unbewußt von einem Engpaßfaktor Eigenkapital ausgegangen sind. Eine Unternehmenspolitik, die im Zentrum ihrer Überlegungen die Eigenkapitalstruktur als Datum und nicht als gestaltbare Größe ansieht, ist in einer sich immer schneller verändernden gesamtwirtschaftlichen Lage zwangsläufig zum Scheitern verurteilt.

Vermögensverlust, Verlust der unternehmerischen Unabhängigkeit sind die Folgen für den Einzelnen, Verlust von volkswirtschaftlichem Potential, vor allem von Arbeitsplätzen, die Folge für die Gesamtheit. Mit diesem Problem sind in erster Linie mittelständische Unternehmen konfrontiert, die sich ausschließlich traditioneller Eigenkapitalquellen bedienen und deren Eigenkapitalstruktur damit nicht mehr zeitgemäß ist. Gesamtwirtschaftlich ist dabei von Bedeutung, daß der Mittelstand für 90% der deutschen Firmen, ca. 75% der Arbeitsplätze und mehr als 50% des Bruttoinlandsproduktes steht.

Sollen mittelständisch orientierte Familienunternehmen weiterhin eine zentrale Rolle im deutschen Wirtschaftsgeschehen spielen, müssen Wege zu einer Beschaffung von Eigenkapital von außen und ohne Verlust der Stärken des Familienunternehmens gefunden werden.

Der folgende Beitrag beschäftigt sich mit einer wichtigen Form moderner Eigenkapitalstrukturierung mittelständischer Unternehmen durch Aufnahme einer Kapitalbeteiligungsgesellschaft als neuem Familiengesellschafter.

2 Eigenkapital darf in einer modernen, zukunftsorientierten Unternehmenskonzeption nicht den Engpaß darstellen

2.1 Funktion des EK

Die betriebswirtschaftliche Literatur hat sich intensiv mit Finanzierungsfragen auseinandergesetzt. Die klassische Unterscheidung in Eigen-, Fremd- und Selbstfinanzierung (Cash-Flow, Optimierung des working capital) wird als bekannt vorausgesetzt. Auf Einzelheiten wird deshalb hier verzichtet.

Für die Finanzierung einer Unternehmung ist es zunächst unerheblich, aus welchen Quellen die Finanzierungsmittel stammen. Dem Eigenkapital kommt somit keine spezifische Finanzierungskomponente zu. Die Bedeutung der Eigenkapitalausstattung ist unter einem anderen Licht zu sehen. Zwischen den Interessen des Eigenkapitalgebers und den Institutionen, die Fremdkapital zur Verfügung stellen, bestehen grundlegende systembedingte Unterschiede. Der Fremdkapitalgeber ist an einer risikolosen Anlage seiner Mittel interessiert, gibt sich deshalb auch mit einem vergleichsweise bescheidenen Entgelt in Form von Zins zufrieden. Unternehmensentscheidungen sieht der Fremdkapitalgeber primär unter dem Aspekt seines Kreditrisikos und nicht unter der strategischen Bedeutung für das Unternehmen. Diese systembedingte Position des Kreditgebers wird in der Praxis häufig übersehen. Die Einstellung der Banken wird oftmals zu Unrecht kritisiert. Sie sind keine Eigentümer des Unternehmens, sie sind nicht am Gewinn beteiligt, ihre Interessenlage ist damit eine andere, als die des Eigenkapitalgebers und Eigners des Unternehmens.

Die unterschiedliche Position der Kapitalgeber erfordert zur Sicherung und Weiterentwicklung eines Unternehmens einen bestimmten Eigenkapitalstock. Wie hoch der Anteil des Eigenkapitals am Gesamtkapital sein soll, ist allgemein nicht zu definieren. Die Einhaltung von bestimmten Finanzierungsregeln spielt nur dann eine Rolle, wenn potentielle Fremdkapitalgeber ihre Kreditentscheidung von der Einhaltung einer bestimmten Bilanzstruktur abhängig machen. Unbeschadet der aktuellen Finanzstruktur darf ein Unternehmenseigner aber nie übersehen, daß die unterschiedliche Interessenlage der Kapitalgeber sofort zur Existenzbedrohung für sein Unternehmen wird, wenn die Entwicklung nicht so verläuft, wie ursprünglich angenommen.

Nicht eine bestimmte Eigenkapitalquote sichert ein Unternehmen langfristig ab, sondern die Möglichkeit, im Bedarfsfall das Eigenkapital zu stärken, um damit das Sicherungsbedürfnis der Fremdkapitalgeber zu befriedigen. Dem Eigenkapital kommt somit nicht primär eine Finanzierungsfunktion zu, sondern seine Aufgabe besteht in der Absicherung der Risikoposition des Fremdkapitalgebers.

2.2 EK-Ausstattung deutscher Unternehmen

Das nachstehende Schaubild zeigt die Eigenkapitalquote Ende der 80er Jahre unterschieden nach Kapital- und Personengesellschaften

Eigenkapitalausstattung des Mittelstandes

Eigenmittel in % der Bilanzsumme

Jahresumsatz	Alle Rechtsformen	Kapitalgesellschaften	Personengesellschaften
100 Mio und mehr	26,2	27,2	18,5
bis unter 100 Mio	18,1	21,4	13,9
10 bis unter 25 Mio	13,8	16,4	11,0
5 bis unter 10 Mio	10,9	11,3	9,4
weniger als 5 Mio	7,6	8,6	8,8

Neuere Zahlen der Bundesbank zeigen einen kontinuierlichen Rückgang des Eigenkapitalanteils an der Gesamtfinanzierung. Dieser Trend hat sich durch den rezessionsbedingten Kapitalverzehr noch verstärkt.

2.3 Moderne EK-Strukturen

Die Ausrichtung eines Unternehmenskonzeptes auf den oder die Engpaßfaktoren ergibt sich zwangsläufig. In einem auf künftigen Erfolg ausgerichteten Konzept kann der Markt, die Produktionsressourcen, das Know-How einen solchen Engpaß darstellen. Wird die Unternehmensstrategie durch finanzielle Engpässe limitiert, besteht die Gefahr, daß solche Unternehmen tendenziell in Schwierigkeiten kommen.

Bei den meisten mittelständischen Familienunternehmen, die traditionell finanziert sind, stellt aber der Faktor Finanzmittel den Engpaß dar. Der Einzelunternehmer oder die Familie verfügt nur über begrenzte Eigenmittel und damit auch nur über begrenzte Fremdmittel. Über Jahrzehnte hat sich eine Art „Gesetz“ entwickelt, daß die Position des eigenen Unternehmens durch die verfügbaren eigenen Mitteln limitiert ist.

Der kreative Unternehmenseigner verfügt über eine Fülle von Ideen, weiß wie man es machen müßte, muß bei traditioneller Eigenkapitalstruktur aber die Realisierung der an sich richtigen Unternehmensstrategie strecken und auf Jahre verteilen oder gar ganz unterlassen.

Es fällt vielen Unternehmenseignern schwer, sich einzugestehen, daß eine am Engpaßfaktor Eigenkapital ausgerichtete Politik die Gefahr beinhaltet, das gesamte Unternehmen tendenziell in Schwierigkeiten zu bringen. Die Ursache dafür liegt unter anderem darin, daß in der Vergangenheit eine am Engpaßfaktor Eigenkapital ausgerichtete Politik in der Regel ebenfalls zum Erfolg führte. Dabei wird aber übersehen, daß sich die Rahmenbedingungen so rasant verändert haben und verändern, daß die Schwächen einer nicht am Marktumfeld ausgerichteten Strategie immer stärker offenkundig werden.

Zusammenwachsen der Märkte, Verstärkung der internationalen Arbeitsteilung, Notwendigkeit zur Erhöhung der Produktivität durch Investitionen sind Schlagworte. Der sich dahinter verbergende Inhalt muß aber im Zentrum einer Unternehmensstrategie stehen und nicht der aktuelle Eigenkapitalstock.

Diese Entwicklung erfordert bei Unternehmenseignern und Familiengesellschaften ein fundamentales Umdenken. Da die eigenen finanziellen Ressourcen in der Regel begrenzt sind, läßt häufig nur eine Kombination von kreativen Unternehmenseignern und finanzstarken Institutionen die Eigenkapitalausstattung nicht zum strategischen Engpaß werden.

2.4 Voraussetzungen für eine moderne EK-Struktur

Für den Unternehmenseigner und die Familiengesellschaft gibt es zwei grundsätzliche Quellen, aus denen eine moderne Eigenkapitalstruktur geschaffen werden kann:

- (1) Eigenkapital aus dem bisherigen Eignerkreis
- (2) Eigenkapital durch Aufnahme neuer Gesellschafter

Zu (1):
Hauptquelle der Veränderung des Eigenkapitalstocks aus dem Eignerkreis ist der thesaurierte Gewinn. Dieser aus dem Unternehmen erwirtschaftete denkbare Eigenkapitalzuwachs ist aber auf Grund unserer aktuellen extremen Steuerbelastung erheblich eingeschränkt. Unser Steuersystem ist bekanntlich im Hinblick auf die Eigenkapitalbildung kontraproduktiv. Wer die Diskussion über die Veränderung der Unternehmensbesteuerung der letzten 10 Jahre realistisch einschätzt, kann sich nicht der Illusion hingeben, daß der Gesetzgeber, unbeschadet der parteipolitischen Machtverhältnisse, die Kraft und die Einsicht besitzt, ein modernes Steuersystem zu schaffen, das die Eigenkapitalproblematik mittelständischer Unternehmen dauerhaft löst. Dies ist auf der einen Seite sehr bedauerlich, weil es zu einer verstärkten Änderung unserer Unternehmensstrukturen führen wird, auf der anderen Seite muß ein verantwortungsbewußter Unternehmer auf dieses Faktum reagieren und sich bei der Modernisierung seiner Eigenkapitalstruktur anderer Mittel bedienen.

Zu (2):
Die Aufnahme neuer Gesellschafter ist nach wie vor das Instrument zur Modernisierung der Eigenkapitalstruktur.

Die Aufnahme von Eigenkapital am Kapitalmarkt durch die Einführung an der Börse, die Aufnahme eines industriellen Partners und die Aufnahme eines „neutralen“ Partners in Form einer Beteiligungsgesellschaft stellen die drei Gruppen dar, mit deren Hilfe ein flexibler Eigenkapitalstock geschaffen werden kann. Der Entscheidung, Eigenkapital am Kapitalmarkt aufzunehmen, haben Großunternehmen, die bekanntlich nahezu alle aus Einzelunternehmen bzw. Familiengesellschaften hervorgingen, ihre wirtschaftliche Leistungsfähigkeit und ihre Unabhängigkeit zu verdanken. Dieser Weg steht in zunehmendem Maße auch mittelständischen Unternehmen zur Verfügung. Auf Einzelheiten zu diesem Komplex wird hier aber nicht eingegangen.

Die Aufnahme eines industriellen Partners löst zwar in der Regel die Eigenkapitalproblematik, führt aber häufig zum Verlust der Unabhängigkeit des mittelständischen Unternehmers. Entscheidet sich ein Unternehmenseigner für diesen Weg, muß er sich darüber im Klaren sein, daß dies die Aufgabe seiner unternehmerischen Unabhängigkeit bedeutet. Dieser Weg kann in einer Reihe von Fällen (Vermögensmaximierung, Lösung der Nachfolgefrage, Verbesserung der strategischen Position) sinnvoll sein, auf Einzelheiten dazu wird hier ebenfalls aber nicht eingegangen.

Der dritte Weg, Aufnahme einer Beteiligungsgesellschaft als neuer Partner, wird unter Punkt 3 dargestellt.

2.5 Sicherung der Unabhängigkeit mittelständischer Unternehmen

Herr im eigenen Hause zu sein, ist ein erstrebenswertes Ziel. Unabhängigkeit ist gerade bei mittelständischen Unternehmern ein wesentliches Motiv für die Übernahme von wirtschaftlichen Risiken. Ohne diesen Motor wären viele erfolgreiche Unternehmen nicht aufgebaut worden.

Dabei darf aber nicht übersehen werden, daß es aufgrund der vielfältigen Einbindung eines Unternehmens in sein Umfeld absolute Unabhängigkeit nicht gibt. Abhängigkeit von Kunden, Mitarbeitern, Lieferanten und nicht zuletzt von Fremdkapitalgebern sind nur Beispiele dafür. Die Abhängigkeit wird zwangsläufig um so größer, je stärker die Zielsetzungen der einzelnen Gruppen auseinanderlaufen.

Auf die unterschiedliche Interessenlage zwischen Eigenkapitalgeber und Fremdkapitalgeber ist bereits hingewiesen worden. Diese unterschiedliche Interessenlage führt zu einer schnell ansteigenden Abhängigkeit des Unternehmenseigners, sobald die Fremdkapitalgeber ihr Sicherungsbedürfnis gefährdet sehen. Dieser ganze oder teilweise Verlust der unternehmerischen Unabhängigkeit ist häufig mit einer nennenswerten, zwangsweise herbeigeführten Veränderung der Unternehmenspolitik verbunden. Schrumpfung, Rückzug von Märkten, Aufgabe von Produktgruppen, Desinvestitionen stehen im Vordergrund. Dies ergibt sich aus dem Umstand, daß der Fremdkapitalgeber nicht die unternehmerische Komponente repräsentiert. Diese Aufgabe kommt ausschließlich dem Eigenkapital zu.

Die Sicherung der unternehmerischen Unabhängigkeit erfordert eine dynamische Eigenkapitalstruktur, die den Faktor Eigenkapital nicht zum Engpaß werden läßt. Diese Struktur zu realisieren, ist für ein erfolgreiches, unternehmerisches Handeln unabdingbar.

2.6 Sicherung der Unternehmernachfolge

Beim Übergang eines Unternehmens von einer Generation auf die Nächste, treten in der Regel zwei Probleme auf:

- (1) Das Finden eines geeigneten Unternehmernachfolgers
- (2) Die Erhaltung des Eigenkapitalstocks

Zu (1):

Die Auswahl eines geeigneten Unternehmernachfolgers stellt bei mittelständischen Unternehmen eine existentielle Frage dar. Die sachgerechte Beurteilung der Mangementqualifikation von Familienangehörigen, in der Regel Kindern, überfordert häufig den Erblasser, weil die aus dem Spannungsfeld entstehenden Probleme, familiäre Bindungen auf der einen Seite und objektive Managementbeurteilung auf der anderen Seite, psychologisch nicht lösbar erscheinen. Die Delegation dieser Frage auf familiär nicht gebundene Personen objektiviert zum Wohle des Unternehmens diesen Vorgang häufig. Es gibt eine Reihe von erfolgreichen Familienunternehmen, die diese Entscheidung auf ein familienfremdes Gremium übertragen haben und damit sowohl den familiären Frieden als auch die optimale Lösung der Managementfrage erreicht haben. Die Hereinnahme eines modernen neuen Familiengesellschafters in Form einer Beteiligungsgesellschaft löst nicht nur die Problematik des flexiblen Eigenkapitalstocks, sondern trägt auch in der Regel dazu bei, die Unternehmernachfolge sachgerecht zu lösen. Auf dieses Problem wird später noch detailliert eingegangen.

Zu (2):
Die Erhaltung des Eigenkapitalstocks wird durch den Generationenwechsel durch zwei Faktoren gefährdet:

Durch den Übergang eines Unternehmens von einer Generation auf die Nächste tritt durch den Abfluß von Finanzmitteln für die Erbschaftsteuerzahlungen zum Teil eine beachtliche Schwächung des Eigenkapitalstocks ein.

Neben der Schwächung der Unternehmensposition durch die Erschaftsteuerzahlungen führt der Generationenwechsel zu einem weiteren Problem, wenn die Erben des Eigenkapitalstocks in Zukunft keine gleichgerichteten Zielsetzungen mehr haben. Dies ist in der Praxis häufig zwischen Erben, die die Unternehmernachfolge antreten und denen die lediglich Anteile am Eigenkapital erben, der Fall. Im Extrem ähnelt die Position des Kapitaleigners, der keine Unternehmerposition einnimmt, der des Fremdkapitalgebers. Die damit verbundenen unterschiedlichen Zielsetzungen haben erhebliche Konsequenzen auf die Unternehmenspolitik. Die deutsche Wirtschaftsgeschichte ist gespickt mit Beispielen, welches Schicksal Familiengesellschaften in den Nachgründergenerationen erlitten haben, bei denen die Interessenlagen der einzelnen Erben auseinandergelaufen sind. Dieser Gefahr versuchen Unternehmenseigner häufig durch Gesellschaftsverträge oder testamentarische Anordnungen zu begegnen, in denen festgelegt wird, daß die Erben unbeschadet ihrer Position zum Unternehmen aneinander gekettet bleiben. Diese Regelungen lösen das hier angesprochene Problem aber nur scheinbar. Gehen die Zielsetzungen der Unternehmenseigner auseinander, führt dies häufig zu Auseinandersetzungen zwischen den Gesellschaftern, die nur dem Wohle der sie vertretenden Anwälte, nicht aber dem Unternehmensinteresse dienen.

Beide Problemfelder, die Erbschaftsteuerzahlung und die denkbare unterschiedliche Interessenlage der Erben, lassen sich durch eine zeitgemäße Strukturierung des Eigenkapitals lösen. Die Flexibilisierung des Eigenkapitalstocks durch Hereinnahme eines institutionellen Beteiligungspartners löst auf der einen Seite den Eigenkapitalengpaß und ermöglicht auf der anderen Seite, daß Gesellschafter, die sich mit den Unternehmenszielen nicht mehr identifizieren können, durch einen Gesellschafter ersetzt werden, der mit dem Unternehmernachfolger gleichgerichtete Interessen verfolgt.

3 Der Beitrag der Beteiligungsgesellschaften zur EK-Finanzierung

3.1 Struktur der Beteiligungsgesellschaften in Deutschland

Der Markt für Beteiligungskapital, das über Beteiligungsgesellschaften zur Verfügung gestellt wird, ist in Deutschland noch deutlich unterentwickelt. Gemessen an anderen Ländern, insbesondere den angelsächsischen Ländern, stellt Deutschland auf diesem Gebiet noch eine Art Entwicklungsland dar. Dies ist historisch erklärbar. Ende der 60er Jahre wurden solche Gesellschaften vorwiegend von Banken gegründet, die das primäre Ziel hatten, Unternehmen, die in Schwierigkeiten gekommen waren, neue Finanzmittel in Form von Eigenkapital oder eigenkapitalähnlichen Mitteln zur Verfügung zu stellen. Im Begriff Wagnisgesellschaften kommt dies deutlich zum Ausdruck. Diese Gesellschaften hatten - und sie haben es zum erheblichen Teil heute noch - zwei gravierende Konstruktionsfehler:

- (1) Sie wurden ganz oder zum überwiegenden Teil von Banken beherrscht. Daraus ergab sich, daß deren Denkansatz im Grundsatz - unbeschadet der formellen Unterschiede - ein Denken in Kreditkategorien geblieben ist. Bilanzstrukturen, Sicherheiten, feste Verzinsung als Entscheidungselemente sind nur Beispiele dafür. Marktchancen, Marktposition, Wettbewerbstruktur, Produktinnovation, moderne Führungs- und Steuerungsinstrumente, und professionelles Management standen nicht im Zentrum der Entscheidungen. Hier kommt zum Ausdruck, daß diese Gesellschaften von im Kreditdenken verhafteten Personen und nicht von industrieerfahrenen Managern geführt wurden.
- (2) Das Image, Institution für Notfälle zu sein, verbunden mit der unterschiedlichen Zielsetzung zwischen bisherigem Unternehmenseigner und dem neuen Gesellschafter, die sich aus dem unter (1) dargestellten Umstand ergibt, hat zu erheblichen Akzeptanzproblemen gerade bei mittelständischen Unternehmen geführt. Erst die Gründung

moderner Beteiligungsgesellschaften, in Form von Mittelstandsholdinggesellschaften in den letzten 10 Jahren, hat hier zu einem Umdenken geführt. Die Akzeptanz dieser modernen Gesellschaften hat gerade in jüngerer Zeit zu einer sprunghaften Ausweitung des Beteiligungsmarktes geführt.

Per Ende 1994 haben rund 100 Beteiligungsgesellschaften in Deutschland mehr als 6 Mrd. DM Eigenkapital in unterschiedlicher Ausgestaltung bei ca. 3000 Unternehmen investiert. In dieser Zahl kommt zum Ausdruck, daß dieser Markt erst am Anfang steht. Diese rund 100 Anbieter lassen sich in verschiedene Gruppen einteilen, die sich in ihrer Zielsetzung und in ihrer Vorgehensweise zum Teil deutlich unterscheiden:

- **Öffentlich geförderte Beteiligungsgesellschaften**
  Diese Gesellschaften bieten Beteiligungskapital aus verschiedenen öffentlich geförderten Programmen an, z. B. „Beteiligungskapital für kleine Technologieunternehmen“ (Deutsche Ausgleichsbank) oder „ERP-Beteiligungsprogramm“ (Kreditanstalt für Wiederaufbau). Es handelt sich meist um typische stille Beteiligungen. Der Höchstbetrag liegt je Programm zwischen 1 Mio. DM und 3 Mio. DM. Die Laufzeit der Mittel ist befristet. Das Entgelt besteht in einer laufenden, durch die öffentliche Förderung attraktiv niedrigen Verzinsung. Diese Beteiligungsangebote sind mehr dem Kreditbereich zuzuordnen.

- **Venture-Capital-Gesellschaften**
  Diese Gesellschaften bieten Beteiligungskapital für die Finanzierung von Unternehmensgründungen oder Produktentwicklungen für Mittelstandsunternehmen an. Dieser Markt ist in Deutschland insbesondere gegenüber den USA deutlich unterentwickelt. Aufgrund des hohen Risikos solcher Beteiligungen, ist es schwer, privatwirtschaftliches Kapital für solche Engagements zu gewinnen. Die öffentliche Hand versucht in den letzten Jahren verstärkt, zur Schaffung von Arbeitsplätzen solche Neugründungen zu unterstützen. Ob die Konstruktionsmerkmale solcher öffentlich geförderten Gesellschaften einen längerfristigen Erfolg versprechen, muß zumindest mit einem deutlichen Fragezeichen versehen werden.

Die Übernahme des anteiligen unternehmerischen Risikos durch die öffentlich geförderten Venture-Gesellschaften mit der Chance, im Erfolgsfall die Geschäftsanteile an den Partner oder an andere Anleger (Börse, Beteiligungsgesellschaften, institutionelle Anleger) abzugeben, scheint hier ein modernerer Ansatz zu sein. Auch unter marktwirtschaftlichen Gesichtspunkten ist die Frage zu stellen, ob ein Engagement der öffentlichen Hand für solche Aktivitäten nicht zweckmäßiger ist, als mit verlorenen Zuschüssen in Milliardenhöhe Forschungsetats auch gerade von Großunternehmen zu entlasten.

- **Klassische Beteiligungsgesellschaften**
  Diese wurden - wie bereits erwähnt - Ende der 60er Jahre gegründet. Sie werden von Banken und/oder Versicherungen geführt und bieten unterschiedliche Modelle mit einem starken Gewicht auf stillen Beteiligungen an. Die einzelne Investition beschränkt sich überwiegend auf Engagements zwischen 1 Mio. DM und 5 Mio. DM. Größerer Kapitalbedarf wird über Partnerschaften mit anderen Beteiligungsgesellschaften (Co-Venturing) gedeckt. Es werden ausschließlich Minderheitsbeteiligungen eingegangen. Die Partnerschaft soll typischerweise nach 3 - 7 Jahren beendet werden. Auch hier ist die Nähe zu einer Kreditkonstruktion unverkennbar. Die Schaffung eines modernen Eigenkapitalstocks mittelständischer Unternehmen ist mit diesen Modellen nur bedingt realisierbar.

- **Unternehmensbeteiligungsgesellschaften**
  Diese Gesellschaften sollen dem Mittelstand den indirekten Zugang zur Aktienbörse bieten. Vorgesehen ist, diese Gesellschaften spätestens 12 Jahre nach ihrer Gründung selbst an der Börse einzuführen und damit Anlegern die indirekte Beteiligung an attraktiven Mittelständlern zu erlauben. Ihre Rahmenbedingungen werden durch das Gesetz über Unternehmensbeteiligungen (UBGG) in der novellierten Fassung von 1994 geregelt. Nach diesem Gesetz arbeitende Gesellschaften werden steuerlich entlastet. Sie bieten dem Mittelstand ähnliche Lösungen an wie die klassischen Beteiligungsgesellschaften.

In der Praxis hat diese Form der Beteiligungsgesellschaften - trotz guter theoretischer Ansätze - noch nicht den Durchbruch geschafft. Dies mag daran liegen, daß Mittelständler, die einen solchen Gesellschafter aufnehmen, gezwungen sind, ihre Unternehmen im Geschäftsbericht der Beteiligungsgesellschaft der Öffentlichkeit zu präsentieren. Dies mag aber auch daran liegen, daß auch hier vorwiegend Banken solche Gesellschaften gegründet haben und damit die gleiche Problematik entsteht, wie bei den klassischen Beteiligungsgesellschaften.

- **Moderne Beteiligungsgesellschaften**

  Darunter sind unabhängige Finanzinstitutionen zu verstehen, die unternehmerisch ausgerichtet sind und über entsprechendes Know-How verfügen. Diese Gesellschaften stellen von ihrem Denkansatz mehr eine industrielle Holdinggesellschaft dar, die sich in ihrem Engagement entweder auf bestimmte Branchen spezialisiert oder aber durch ihr Beteiligungsportefeuille mehr einem Mischkonzern ähnelt. Diese Gesellschaften müssen selbst durch ihren Gesellschafterkreis über finanzielle Ressourcen verfügen, die auch dort den Faktor Eigenkapital nicht zum Engpaß werden lassen. Unsere Volkswirtschaft verfügt über ausreichend Kapital, um den Bedarf an Eigenkapital zu befriedigen. In der Vergangenheit ist dieses Kapital aber nur zu einem geringen Teil unternehmerisch eingesetzt worden. Institutionen, die als Gesellschafter für solche modernen Beteiligungsholdings geeignet sind, sind vor allen die großen Kapitalsammelstellen und hier insbesondere die Versicherungswirtschaft.

  Deren Kapitalkraft, gepaart mit einem unternehmerisch erfahrenen Management, ermöglicht solchen Gesellschaften, die Funktion des neuen finanzstarken Partners des Mittelstandes und der Familiengesellschaft zu übernehmen.

3.2 Beteiligungsformen

Kapitalbeteiligung ist Maßschneiderei. Denkbar sind zahlreiche, sehr unterschiedliche, auf den individuellen Einzelfall ausgerichtete Lösungen. Grundsätzlich zu unterscheiden ist zwischen vier Modellen, die durchaus kombiniert eingesetzt werden können:

- **Echte Beteiligung**
  Im Rahmen einer Kapitalerhöhung wird dem Unternehmen neues Eigenkapital zugeführt. Die vorhandenen stillen Reserven werden durch ein Agio ausgedrückt, das der neue Partner bezahlt. Seine Rechte entsprechen denen der bisherigen Gesellschafter.

- **Atypisch stille Beteiligung**
  Zuführung eigenkapitalähnlicher Mittel, ohne das stimmberechtigte Kapital zu verändern. Die Beteiligung wird üblicherweise auf befristete Zeit eingegangen, ist mit einer gewinnabhängigen, laufenden Verzinsung ausgestattet und gewährt außerdem einen Anteil an den während der Beteiligungslaufzeit entstandenen stillen Reserven. Steuerlich und handelsrechtlich stellt die atypisch stille Beteiligung Eigenkapital dar.

- **Typisch stille Beteiligung**
  Diese Beteiligungsform stellt handelsrechtlich zwar eigenkapitalähnliche Mittel dar, ist aber aufgrund ihrer Ausstattung mehr einem Nachrangdarlehen zuzuordnen. Diese Beteiligungsform wird mit einer festen und einer gewinnabhängigen Verzinsung ausgestattet, auf befristete Zeit gegeben und zum Nominalwert zurückbezahlt.

- **Gesellschafterdarlehen**
  Bei mittelständischen Unternehmen wird der Eigenkapitalstock häufig zum Teil in Form von Gesellschafterdarlehen dargestellt. Diese Darlehen haften von ihrer Ausgestaltung, aber auch von der Rechtsprechung, im Normalfall für das klassische Fremdkapital. Diese Darlehen sind mit einem festen Zinssatz ausgestattet, die Zinsen stellen wirtschaftlich nichts anderes als Gewinnverwendung dar und führen deshalb bei negativer Ertragslage zu einer Kapitalrückzahlung.

Die in diesem Beitrag angesprochene Grundproblematik, einen modernen Eigenkapitalstock aufzubauen, um damit für Mittelstandsunternehmen das Eigenkapital nicht zum Engpaß werden zu lassen, ist im Normalfall nur durch eine echte Beteiligung, gegebenenfalls kombiniert mit einem Gesellschafterdarlehen, lösbar. Die Formen der stillen Beteiligung lösen Eigenkapitalprobleme nur kurzfristig und führen aufgrund ihrer Ausgestaltung zu einer unterschiedlichen Interessenlage der Kapitalgeber.

3.3 Moderne Beteiligungsgesellschaften als Mittelstands-Holding

3.3.1 Begriff des Mittelstandes

Der hier verwendete Mittelstandsbegriff orientiert sich nicht primär an der Unternehmensgröße, sondern an der Tatsache, daß zwischen Kapitaleigner und Unternehmensführung eine enge Beziehung, im überwiegenden Fall sogar Personenidendität besteht. Daraus ergibt sich, daß so verstandene mittelständische Unternehmen durchaus Größenordnungen von über 1 Mrd. DM Umsatz erreichen können. Bei dieser Definition ist weiter zu beachten, daß sich aufgrund der steigenden kritischen Unternehmensgröße und der verstärkten Internationalisierung die Größenordnungen laufend nach oben verschieben.

3.3.2 Mittelstands-Holding, neuer Typus eines Familiengesellschafters

Die Eigenkapitalproblematik mittelständischer Unternehmen ist nur dauerhaft lösbar, wenn - darauf ist hingewiesen worden - das Eigenkapital nicht den strategischen Engpaß darstellt. Da die Finanzressourcen natürlicher Personen als Unternehmenseigner begrenzt sind, muß Mittelständlern der Zugang zum Kapitalmarkt möglich sein.

Neben der Beschaffung von EK am Kapitalmarkt erfordert erfolgreiches unternehmerisches Handeln möglichst gleichgerichtete Interessen zwischen den einzelnen Gesellschaftern. Aufgrund der Spielregeln unseres Wirtschaftssystems ist diese Interessenlage leicht zu definieren. Die Erzielung eines positiven wirtschaftlichen Ergebnisses, nicht zu verwechseln mit dem bilanzierten Ergebnis, ist bekanntlich der Maßstab an dem erfolgreiches unternehmerisches Handeln gemessen wird.

Dieses Ergebnis muß in einem definierten Zeitraum über den Kosten für Fremdkapital liegen, weil nur so der Einsatz von Risikokapital für jeden Gesellschafter ökonomisch sinnvoll ist.

Diese Gesetzmäßigkeiten gelten für jedes Unternehmen und damit auch für jeden Unternehmenseigner. Gesellschaften, die auf der einen Seite durch ihren Gesellschafterkreis Zugang zum Kapitalmarkt haben und auf der anderen Seite bereit und in der Lage sind, sich in vollem Umfang unternehmerisch zu engagieren, stellen den neuen Typus von EK-Partner für den Mittelstand dar. „Moderner Familiengesellschafter" ist ein dafür geeignetes Schlagwort.

Die Verbindung von kreativen natürlichen Personen als Gesellschafter auf der einen Seite und finanzstarken Institutionen auf der anderen Seite, erhöhen die Schlagkraft mittelständischer Unternehmen ganz beachtlich. Dadurch wird der zentrale bisherige Nachteil des Mittelstandes gegenüber den Großunternehmen, die Zugang zum Kapitalmarkt haben, aufgehoben. Dieser neue Partner des Mittelstandes muß bestimmte Bedingungen erfüllen:

- Der Partner muß unabhängig sein. D.h., die Gesellschafterstruktur sollte keinen beherrschenden Einfluß zulassen.
- Die Gesellschafter müssen direkt oder indirekt Zugang zum Kapitalmarkt haben.
- Das Management muß unternehmerisch ausgerichtet und erfahren sein.
- Der Partner muß sich mit dem Umfeld und den Zielen des Beteiligungsunternehmens beschäftigen und voll identifizieren.
- Das Management muß für den operativ verantwortlichen Gesellschafter ein kompetenter Sparringspartner sein.
- Der Einfluß auf das Beteiligungsunternehmen darf von dem neuen Partner - unbeschadet seines Kapitalanteils - nicht dominierend sein. Diese Frage ist durch vertragliche Gestaltungen einfach lösbar.

Für Gesellschaften, die diese Bedingungen erfüllen, ist der Begriff „Mittelstands-Holding" zutreffender, als der Begriff Beteiligungsgesellschaft, die - wie dargelegt - häufig eine andere Position einnehmen.

3.3.3 Aufgaben des neuen Familiengesellschafters

Die Aufgaben der modernen Mittelstands-Holding lassen sich wie folgt zusammenfassen:

- Sie hat mit ihrer Finanzkraft den EK-Engpaß zu lösen, ohne eine dominierende Stellung einzunehmen.

- Sie hat ihr unternehmerisches Know-How mit in das Unternehmen einzubringen, ohne in das operative Geschäft einzugreifen. Dies bezieht sich auf strategische Fragen genauso wie auf moderne Führungsinstrumente oder Managementmethoden. Dies ist nicht mit einem Verlust unternehmerischer Unabhängigkeit des bisherigen Alleinunternehmenseigners verbunden, sondern erhöht aufgrund der gleichen Zielsetzung seine Unabhängigkeit.

- Sie hat darauf einzuwirken, unternehmerische Entscheidungen zu versachlichen. Gerade bei familienorientierten Unternehmen spielen sachfremde Überlegungen bei Unternehmensentscheidungen eine nicht zu unterschätzende Rolle. Das wirtschaftliche Umfeld erlaubt es heute häufig nicht mehr, unternehmerische Entscheidungen auf sachfremden Einflüssen aufzubauen.

- Diese notwendige Sachorientierung ist insbesondere bei der Bestimmung der Unternehmernachfolge von größter Bedeutung. Dabei hat es erhebliche Vorteile, wenn es gelingt, einen geeigneten Nachfolger aus dem bisherigen Unternehmerkreis zu finden. Unbeschadet des ohnehin vorhandenen Mangels an unternehmerisch ausgerichteten Führungspersönlichkeiten, ist es für ein mittelständisches Unternehmen erstrebenswert, Unternehmensführung und Gesellschafterposition in einer Person zu vereinigen. Sollte dies aus der Unternehmerfamilie nicht sachgerecht lösbar sein, ist anzustreben, das familienfremde Management zumindest während seiner aktiven Zeit am Unternehmen mitzubeteiligen, um damit einen wesentlichen Vorteil mittelständischer Organisationen zu erhalten.

3.4 Voraussetzungen zur Aufnahme eines Beteiligungspartners

Die Voraussetzungen zur Aufnahme eines Beteiligungspartners ergeben sich aus den bisherigen Darlegungen zwangsläufig:

Zwischen den neuen potentiellen Partnern muß eine möglichst große Übereinstimmung in den unternehmerischen Zielsetzungen bestehen. Dies dokumentiert sich zweckmäßigerweise in einem gemeinsam festgelegten Unternehmenskonzept, niedergelegt in einer Mehrjahresplanung für das Unternehmen.

Die neuen Partner müssen ihre Zusammenarbeit institutionalisieren um damit von Anfang an die Kompetenzen klar geregelt zu haben. Da der neue Partner keine operative Verantwortung übernehmen soll und kann, ist es zweckmäßig, die auf die grundlegenden Unternehmensentscheidungen begrenzte Mitwirkung über einen möglichst aktienrechtlich orientierten Beirat oder Aufsichtsrat zu regeln. Diese Organisationsform unternehmerischer Gesamtverantwortung hat sich bewährt. Sie sollte auch von mittelständischen Unternehmen verstärkt übernommen werden.

4 Zusammenfassung

Der Erhalt von unternehmerbezogenen, mittelständisch orientierten Unternehmensstrukturen ist sowohl gesamtwirtschaftlich als auch unter dem Aspekt der Umsetzung von eigenen Ideen in wirtschaftliches Handeln von großer Bedeutung. Auf der Möglichkeit der unabhängigen Verwirklichung des eigenen unternehmerischen Ichs basiert zu einem gehörigen Maß unsere positive wirtschaftliche Entwicklung.

Die Veränderungen der unternehmerischen Rahmenbedingungen haben deutlich gemacht, daß eine auf dem Engpaßfaktor Eigenkapital ausgerichtete Unternehmensstrategie die Gefahr des Scheiterns beinhaltet. Ein zukunftsorientierter Unternehmer muß deshalb dafür sorgen, daß sein Eigenkapitalstock flexibel ausgestattet wird, damit bei der strategischen Ausrichtung das Eigenkapital nicht mehr den Engpaß darstellt. Die geeigneten Partner zur Lösung dieser Frage stellen Beteiligungsgesellschaften dar und hier insbesondere Beteiligungsgesellschaften, die von ihrer Struktur her den Typus einer Mittelstands-Holding als neuem Familiengesellschafter verkörpern.

Familienunternehmen und Börse
Ein Erfahrungsbericht

Dr. Manfred Fuchs

Vorsitzender des Vorstands der Fuchs Petrolub AG Oel + Chemie, Mannheim

1 Einleitung

2 Unternehmensprofil

3 Gang an die Börse

4 Erfahrungen mit going public

5 Zusammenfassung

1 Einleitung

Der Gang an die Börse ist zwar im Sinne des Generalthemas des Stuttgarter Unternehmergesprächs 1995 kein neues Finanzierungsinstrument für mittelständische und große Unternehmen, es ist aber für jeden Unternehmer neu, der sich erstmals entschließt, seine Gesellschaft für außenstehende Kapitalanleger zu öffnen. Ich möchte daher über unsere Erfahrungen des „going public" berichten, denn wir sind diesen Weg als Familienunternehmen vor mehr als 10 Jahren gegangen und - das möchte ich vorwegnehmen - haben das nie bereut.

Man muß sich allerdings darüber im Klaren sein - das wird auch mein Erfahrungsbericht zeigen -, daß die Umwandlung eines Familienunternehmens in eine AG und deren Einführung an der Börse zu einer tiefgreifenden Veränderung im Rollenverständnis des Unternehmers, in der Organisation und Führung des Unternehmens sowie im Umgang mit den Eigentümern führen. Diese Veränderung wird man nur vornehmen, wenn es die Umfeld- und Marktbedingungen sowie die Lage und die strategischen Ziele eines Unternehmens erfordern.

Sieht man einmal von Überlegungen von Familienunternehmern ab, einen Teil ihres unternehmerisch gebundenen Vermögens zu realisieren, so geht es bei dem Gang an die Börse in der Regel darum, Zugang zum Kapitalmarkt zu finden und so die finanzielle Basis des Unternehmens zu verbreitern. Die Notwendigkeit hierzu kann sich aus folgenden Entwicklungen ergeben:

- Der schnelle Wandel der Technik und der Märkte mit entsprechender Auswirkung auf das bestehende Geschäft: neue Konsumgewohnheiten, neue Produktideen, Werkstoffe und Verfahren, neue Vertriebswege und vieles andere mehr. Dieser Wandel beinhaltet gleichermaßen Chancen und Risiken - und beides erfordert Ressourcenstärke.

- Die Globalisierung der Märkte, die neben der Präsenz in Westeuropa den Aufbau einer angemessenen Marktstellung in Nord- und Lateinamerika, Asien-Pazifik sowie in Mittel- und Osteuropa erforderlich machen kann. Das bedeutet in aller Regel eine völlig andere Unternehmensgröße und das innerhalb weniger Jahre. Auch hier also erhebliche zusätzliche Anforderungen an die finanziellen Ressourcen.

- Die Verschärfung des Wettbewerbs und der hieraus resultierende Konzentrationsschub der Wirtschaft. Die Risiken, aber auch die Chancen dieser Entwicklung liegen auf der Hand und führen uns wiederum zu der Frage der finanziellen Ressourcen.

Viele deutsche Familienunternehmen sind zu schwach kapitalisiert, um diese großen Herausforderungen unserer Zeit aktiv und schneller anzugehen, als ihre jeweiligen Konkurrenten. Das kann verpaßte Chancen, Terraingewinne des Wettbewerbers, relatives Zurückbleiben des eigenen Unternehmens und schließlich eine Gefährdung der Zukunft bedeuten.

Daher können die Umwandlung und der Gang an die Börse zu einem notwendigen Bestandteil langfristiger Unternehmens- und Finanzierungspolitik werden.

Warum sind es dann aber so wenige Unternehmen, die diesen Weg gegangen sind oder für die Zukunft in Betracht ziehen? Ende 1994 gab es in Deutschland nur 666 börsennotierte inländische Gesellschaften mit 810 gehandelten Aktientiteln (519 im amtlichen Handel, 171 im geregelten Markt und 120 im Freiverkehr), obwohl Experten langfristig 1500 bis 2000 Gesellschaften sehen, die für einen Gang an die Börse in Betracht kommen. Doch nur 3% von 501 repräsentativ ausgewählten deutschen Inhaber-Unternehmen - so stellte eine Unternehmensberatungsgesellschaft vor einigen Jahren fest - wollen ihren künftigen Finanzbedarf über den Kapitalmarkt decken. Was hält die übrigen 97% zurück? Warum spielt der Aktienmarkt in den Finanzierungsüberlegungen von nicht börsennotierten, in Privatbesitz befindlichen Unternehmen - wie der Jahresbericht 1994 der deutschen Börsen enttäuscht feststellt - nur eine untergeordnete Rolle und brachte es von 1992 bis 1994 jährlich auf gerade einmal 8 bis 15 Börsenneulinge? Auch in der Zeit von 1987 bis 1994 gab es in Deutschland nur 161 Neuemissionen inländischer Unternehmen, während es in England 1319, in den USA 4991 (davon 1492 NYSE und 3499 Nasdaq) und in Japan 437 waren.

Ist es die in den letzten Jahren nicht mehr so gute Performance der Börsenneulinge oder ist es ein Mangel an Information und eigener Erfahrung? Oder ist es die Sorge, daß das „going public“ im Grunde das Ende des Inhaber-Unternehmens im engen Sinn des Wortes ist?

2 Unternehmensprofil

Lassen Sie mich hier über unsere Erfahrungen mit dem Gang zur Börse berichten, und zuvor ein kurzes Profil unseres Unternehmens zeichnen.

Die FUCHS-Gruppe geht auf das Gründungsjahr 1931 zurück. Sie war zunächst fast 30 Jahre lang einzelkaufmännisches Unternehmen, wurde dann nach dem Tod des Firmengründers eine Familiengesellschaft in der Rechtsform einer KG und entwickelte sich in der Folge durch Beteiligungserwerbungen, Joint Ventures sowie Firmengründungen im In- und Ausland zu einer Firmengruppe. Der Aufbau der Gruppe ist einfach. Es gibt eine konzernleitende Obergesellschaft in der Rechtsform einer AG. Sie hält alle inländischen Beteiligungsgesellschaften direkt und den Auslandskonzern mittelbar über eine ihr mit Stimmenmehrheit verbundene Schweizer Zwischenholding.

Wir befassen uns mit der Herstellung und dem Vertrieb von Schmierstoffen sowie ausgewählten chemischen Spezialitäten und verfügen heute über eine weltweite Präsenz. Schmierstoffe sind ein kleines, aber sehr technologie- und beratungsintensives Arbeitsgebiet mit einer ungewöhnlichen Rohstoff-, Anwendungs-, Produkt- und Abnehmervielfalt, die „Nischenfähigkeit" sowie kundennahes und flexibles Arbeiten erfordert.

Der konsolidierte Umsatz der Gesamtgruppe war 1994 gut 1,3 Mrd. DM; etwa zwei Drittel des Geschäfts werden im Ausland gemacht, und zwar ganz überwiegend durch lokale Produktion, d.h. die Exportquote des Inlandskonzerns ist relativ niedrig.

Wir hatten Ende der 60er Jahre begonnen, die technische Innovation und Spezialisierung unseres Unternehmens voranzutreiben, zu expandieren und unser Geschäft zu internationalisieren. Hinzu kam seit 1973/74 durch stark gestiegene Rohstoffpreise eine erhebliche Inflationierung unserer Bilanzsummen. Wir haben uns daher frühzeitig mit der Frage der für uns richtigen Unternehmenspolitik und ihrer finanziellen Bewältigung auseinandergesetzt. Wir formulierten unsere Zielvorstellungen für die Unternehmensentwicklung, Umsatzrenditen, Finanzierungsgrundsätze und Bilanzrelationen, entwickelten unterschiedliche Szenarien, setzten das Ganze um in langfristige Konzernplanbilanzen und hatten ein bemerkenswertes Erlebnis: Das unter statischen Gesichtspunkten gut finanzierte und gesunde Unternehmen ließ innerhalb eines Betrachtungszeitraums von nur 5 Jahren einen Finanzbedarf und eine Eigenkapitallücke erkennen, die wir auch bei weitgehender oder voller Gewinnthesaurierung niemals hätten decken können. Es war also eine klassische Ausgangslage für den Entschluß zum „going public“ gegeben, denn wir wollten trotz dieser sich längerfristig abzeichnenden Eigenkapitallücke nicht auf die Chance verzichten, das Unternehmen größer, technisch leistungsfähiger und internationaler zu machen. Dazu haben Beteiligungserwerbungen einen nicht unerheblichen Beitrag geleistet, d.h. wir haben versucht, die fortschreitende Unternehmenskonzentration als Chance zu nutzen. Die Folge war, daß sich Umsatz und Bilanzsumme in der Folge vervielfachten, was die Finanzierungsmöglichkeiten der Familiengesellschafter auf Dauer übersteigen mußte. Hinzu kommt, daß Familiengesellschafter ihre ja an sich immer nur „auf Zeit gegebene Einlage“ oder ihre Guthaben durch Kündigung abziehen bzw. sich in sonstiger Weise verabschieden können. Die damit verbundenen Risiken erschienen uns langfristig für das Unternehmen unvertretbar.

Wir brauchten also ein Finanzierungsinstrument, das in der Lage war, folgendes zu leisten:

- Solide Finanzierung des realen und gegebenenfalls inflationären inneren Wachstums unter Wahrung angemessener Bilanzrelationen des Konzerns und der AG.

- Erweiterter Handlungsspielraum für externes Wachstum durch Beteiligungserwerbungen und ähnliche Maßnahmen der Unternehmensentwicklung.

- Nachhaltige Sicherung der Unabhängigkeit des Unternehmens.

- Erhaltung des unternehmerischen Einflusses der Familie.

3 Der Gang an die Börse

Die Lösung bestand für uns in der frühzeitigen Öffnung des Unternehmens für außenstehende Kapitalanleger und schließlich im Gang an die Börse.
Hinsichtlich der Vorgehensweise gibt es sicher immer nur fallspezifische Antworten. Zahlreiche mittelständische Privat- und Familienunternehmen sind direkt an die Börse gegangen, andere haben mit guten Erfahrungen eine Vorstufe eingeschaltet, die z.B. in der Hereinnahme einer Kapitalbeteiligungsgesellschaft bestehen kann.

Wir wählten einen anderen, vielleicht originellen Weg, der im Grunde zeigt, wie breit das Spektrum möglicher Gestaltungen ist. Es war der Weg über Privatplazierungen, den wir in Deutschland für 9 Jahre und in der Schweiz für 1 Jahr zur schrittweisen Öffnung des Unternehmens für einen zunächst begrenzten Anlegerkreis einschlugen.

Ein solches zweistufiges Vorgehen muß nicht sein, es hatte aber zumindest für uns ungeheure Vorteile, da das Klima des Jahres 1975 für mittelständische Börsenneulinge in Deutschland nicht mit demjenigen ab 1983 vergleichbar war und man einem am Finanzplatz Zürich unbekannten mittelständischen Emittenten aus Deutschland zunächst verständlicherweise mit einiger Zurückhaltung gegenüberstand. Die Vorteile der Vorstufe waren:

- Erster Schritt einer Umgestaltung der Unternehmensverfassung, der Organe und aller gesellschaftsvertraglichen Spielregeln im Sinne einer „kapitalistischen Organisationsform“.

- Übung im Umgang mit außenstehenden Gesellschaftern, einem aufsichtsratsähnlich konzipierten Beirat, Renditeerwartungen, Berichtspflichten, Publizität, einem gewissen Finanzmarketing und anderen Dingen, die dem Inhaber-Unternehmer in der Regel zunächst einmal fremd sind.

- Aufbau eines gewissen Bekanntheitsgrades und eines für Kapitalanleger plausiblen Unternehmensbildes, da viele Unternehmen zwar auf ihren Absatzmärkten, nicht aber bei der in Aussicht genommenen Anlegerzielgruppe bekannt sind.

Wichtig ist bei derartigen Vorstufen, daß sie konzeptionell von Anfang an so ausgestaltet werden, daβ sie den späteren Schritt an den organisierten Kapitalmarkt vorbereiten und ihm nicht im Wege stehen. Bei uns waren also die Stationen des „going public“ in Deutschland:

- Ab 1975 Privatplazierung von Kommanditanteilen aus mehreren Kapitalerhöhungen im Laufe von 9 Jahren zur Wachstumsfinanzierung der deutschen Gruppe.
- im Jahr 1984 Umwandlung der deutschen Holding in eine AG.
- Im Januar 1985 Erstemission von 9 Mio. DM stimmrechtsloser Vorzugsaktien der deutschen AG zum Kurs von 200% und ihre Einführung im amtlichen Handel der Wertpapierbörsen Frankfurt und Stuttgart.
- Im Juli 1986 Anschlußemission der deutschen AG über je 5 Mio. DM Stamm- und stimmrechtslose Vorzugsaktien zum Kurs von 300% sowie erstmalige Einführung der deutschen Stammaktien im amtlichen Handel der Wertpapierbörsen Frankfurt und Stuttgart. In den Folgejahren erfolgten weitere Emissionen von Stamm- und Vorzugsaktien sowie von Wandel- und Optionsanleihen.

Parallel dazu unternahmen wir für die Auslandsgruppe folgende Schritte in der Schweiz:

- Ab Anfang 1982 Privatplazierung von schweizerischen Inhaberstammaktien zur Wachstumsfinanzierung der Auslandsgruppe. Beginn des „Telefonhandels“.
- Im Mai 1983 Einführung der schweizerischen Aktien an der Zürcher Vorbörse, die unserem geregelten Freiverkehr entspricht. Im Juni 1986 kamen sie von der Zürcher Vor- an die Hauptbörse, d.h. in den amtlichen Handel und 1988 und 1989 an die Wertpapierbörsen zu Basel und Genf.
- In diesen Jahren und in der Folgezeit wurden Aktien, Partizipationsscheine, d.h. stimmrechtslose Anteilsscheine, sowie Wandel- und Optionsanleihen emittiert.

4 Erfahrungen mit dem „going public“

Wie sieht nun die Bilanz unserer Erfahrungen mit den Kapitalmarkteinführungen und Anschlußemissionen unterschiedlicher Titel aus? Um es vorwegzunehmen: Unsere Erfahrungen sind positiv. Wir bedauern die Öffnung des Unternehmens nicht und würden in allen wesentlichen Punkten den gleichen Weg beschreiten, wenn wir heute nochmals vor der Frage stünden.

Von einigen Erfahrungen, die bedeutungsvoll erscheinen, soll hier berichtet werden:

- Die Banken sind bei Erstemissionen sehr kritisch, die Prüfungen gründlich und zeitraubend. Das gilt insbesondere für den deutschen Kapitalmarkt, und zwar hier mit im Grunde gleicher Intensität auch für Anschlußemissionen. Umfang und Tiefe der Prüfungen sind in der Schweiz geringer, wenn man sich erst einmal eingeführt hat.

- Unsere mehrjährige Vorschaltphase erfolgreicher Privatplazierungen mit nachhaltig einwandfreier Performance war hier nicht nur für uns eine gute Vorbereitung auf den organisierten Kapitalmarkt, sondern auch für die Banken eine deutliche Ermutigung.

- All diese Prüfungen sind nötig, um den Anleger vor einem Fehlinvestment und die Banken vor Haftungen und Reputationsschäden zu schützen, sie sind aber für den Prüfling auch beschwerlich und zeitaufwendig, d.h. der mittelständische Unternehmer und seine zuständigen Mitarbeiter haben hier in der heißen Phase der Bewertung eine erhebliche Zusatzbelastung zu verkraften, zumal sie für derartige Aufgaben in der Regel nur begrenzt mit Fachabteilungen und Stäben gesegnet sind. Der Anspruch liegt aber auch hinsichtlich der Prüfungsinhalte hoch. So wurde bei uns z.B. die gesamte Ergebnisbeurteilung bei den Abschreibungen auf Sachanlagen von historischen Anschaffungskosten auf Wiederbeschaffungspreise umgebaut, eine Anforderung, die man dem Börsen-Neuling, nicht aber dem „Börsen-Establishment“ abverlangt. Am Ende der Prüfungsphase liegen dann allerdings auch eine für das Unternehmen wertvolle, kritische Bestandsaufnahme sowie ein erheblicher Zuwachs an Vertrauen und Sicherheit in die Beurteilung des Anlageobjekts vor, das später verkauft wird.

- Erfreulich ist, daß bei den Prüfungen nicht nur Bilanzen, Zwischenabschlüsse und Planungsrechnungen untersucht werden, sondern auch Umfeld und Markt, die technische und vertriebliche Leistungskraft sowie Management und Organisation. Das Unternehmen befindet sich also umfassend „auf dem Prüfstand". Und das bedeutet durchaus nicht, daß der Börsenkandidat in den Bereich der High Technology oder sonstiger Wachstums- und Zukunftsmärkte gehören muß, an denen sich die Phantasie des Publikums entzündet, der Emittent muß aber eine etablierte Marktstellung und eine ausreichend abgesicherte, nachhaltige Ertragsfähigkeit haben. Das Risiko muß - auch im Interesse des Börsenkandidaten - für den Anleger überschaubar und abgrenzbar bleiben sowie in einem vernünftigen Verhältnis zu seinen Chancen stehen. Man wird also einräumen müssen, daß sich der Gang zur Börse nicht zum Zweck der Wagnisfinanzierung eignet. Daran nehmen auch die Beteuerungen vom Risikocharakter der Aktie, die sachlich richtig und notwendig sind, nichts weg.

- Eine positive Erfahrung für den mittelständischen Börsenkandidaten ist die Unterstützung, die er von seinem Emissionshaus bzw. Bankenkonsortium bei allen vorbereitenden Schritten, aber auch bei der Betreuung nach erfolgter Börseneinführung erfahren kann, wenn es dann um die erstmaligen Pflichtveröffentlichungen, die sachlichen und organisatorischen Vorbereitungen der ersten Hauptversammlung und anderes mehr geht. Hier stehen seitens der Banken Stabs-, Rechts- und Steuerabteilungen sowie Konsortialabteilungen hilfreich zur Seite und begleiten den Erstemittenten durch alle Prozeduren. Die Auswahl der Emissionspartner sowie die aktive und vorbehaltlose Zusammenarbeit mit diesen und ihren Finanzanalysten ist sicher für den Erfolg und die Solidität der Erstemission ein wesentlicher Faktor.

- Das Anlageangebot und der Börsenkandidat müssen sich einfach und überschaubar präsentieren. Für ein in sich geschlossenes Unternehmen ergeben sich hier keine Probleme, die Frage wird jedoch bedeutungsvoll bei der Kapitalmarkteinführung einer Firmengruppe oder eines Teilkonzerns, wie das bei uns der Fall war. Banken und Presse sind hier außerordentlich mißtrauisch hinsichtlich der „Selektion", der Zuweisung und Abgrenzung von Chancen und Risiken sowie der Angemessenheit der Liefer- und Leistungsbeziehungen. Es hat z.B. bei unserem in der Schweizer AG zusammengefassten Auslandskonzern einiger Aufklärungsarbeit bedurft, daβ wir zunächst nur langjährig „erprobte" Beteiligungen in die börsennotierte Holding einbrachten, während die Familie eine Reihe von neuen und noch risikobehafteten Engagements zurückbehielt, was ausschließlich dem Anlegerschutz diente.

- Eine wichtige Voraussetzung bei der Erstemission ist, daß der Unternehmer und die Familie, die an die Börse wollen, hierzu auch innerlich bereit sein müssen. Es geht nur ohne Mentalreservationen und Halbherzigkeit. Der Anleger spürt und honoriert dies. Da dies zeitlich nicht nur die technische Vorbereitungsphase auf eine Börseneinführung von 12 - 18 Monaten betrifft, sondern auch die vorausgehende Phase der „inneren" Vorbereitung, kann man gar nicht früh genug mit den Überlegungen anfangen. Dies bedeutet die Bereitschaft, Eigentums- und Führungsanspruch zu trennen, die alleinige Entscheidungsgewalt mit Vorstandskollegen zu teilen, die Informations-, Kontroll- und Beratungsrechte eines gegebenenfalls mitbestimmten Aufsichtsrats zu respektieren, gewachsene oder vertragliche Sonderrechte aufzugeben, die formale und inhaltliche Strenge des Aktienrechts zu bewältigen und den außenstehenden Kleinaktionär als erwünschten Partner und Miteigentümer ernstzunehmen sowie fair zu behandeln.

- Für „Grauzonen" aller Art bleibt kein Raum mehr. Das gilt nicht nur für eine mangelhafte Abgrenzung der privaten Lebenssphäre des früheren Allein- oder Familiengesellschafters von der betrieblichen Sphäre und für die steuerlich bedingte Scheu, die Ertragskraft des Unternehmens in Form ausschüttungsfähiger Gewinne zu zeigen, sondern auch für das „Verstecken" von Problem- und Verlustfeldern sowie die Angemessenheit der Liefer- und Leistungsverrechnung mit verbundenen oder nahestehenden Gesellschaften. Dies alles bringt zwar sicher eine heilsame Erziehung zum gewinnorientierten Handeln, es macht aber in gewissem Umfang auch risikoscheu und kann den Mut zum unternehmerischen Einsatz und zu einer längerfristigen Betrachtungsweise einengen.

- Der Erwartungsdruck des Publikums ist erheblich. Das galt insbesondere in den 80er Jahren für die Übertreibungen der Börse bei Neuemissionen, die inzwischen allerdings einer in der Regel nüchterneren Betrachtungsweise gewichen sind. Aber auch heute wird die Anlegerschaft sehr genau hinschauen und kritisch sein, denn von 20 neuen Aktienwerten der Jahre 1993 und 1994 konnten nur 6 eine positive Performance aufweisen.

- Was den Kurs der Aktie einer Holdinggesellschaft im Vergleich zu dem einer werbend tätigen Gesellschaft anbetrifft, so gab es entgegen anfänglicher Befürchtung der deutschen Banken keinen Malus. Wir haben sogar den Eindruck, daß der Holding-Aktie der Vorteil eines geringeren Anlegerrisikos zugute kommt, wenn sie sich auf eine größere Zahl von Beteiligungsgesellschaften abstützen kann.

- Hier - in der konzeptionellen Ausgestaltung und den Bedingungen der Emission - liegt ein Feld vielfältiger Erfahrungen. Soweit es die Frage der stimmrechtslosen Vorzugsaktien betrifft, ließen unsere Emissionen und die anderer Unternehmen nicht erkennen, daß der Markt diese weniger bereitwillig aufnahm als Stammaktien; man kann also auch mit Vorzügen an die Börse gehen, um den unternehmerischen Einfluß der stimmberechtigten Familienaktionäre möglichst lange zu sichern. Allerdings muß man den Vorzugsaktionären über eine entsprechende Mehrdividende einen gewissen Ausgleich für das fehlende Stimmrecht verschaffen.

- Wir haben bei uns zur nachhaltigen Sicherung des Familieneinflusses gewisse „Hebelwirkungen“ in die Konzernstruktur eingebaut. So wurde für den Auslandskonzern eine Schweizer Holding zwischengeschaltet, bei der die Mannheimer Obergesellschaft durch die nach Art und Nennbetrag unterschiedlichen Titel mit etwas mehr als 33% des Kapitals die Stimmenmehrheit hält. Auch in der konzernleitenden Obergesellschaft in Mannheim hält die Familie mit nur 29% des Kapitals 54% der Stimmen.

- Gut aufgenommen wurden im Übrigen die von uns in Deutschland und der Schweiz begebenen Wandel- und Optionsanleihen, die bei einem wachsenden Unternehmen für den Zeichner interessante Perspektiven eröffnen, dem Emittenten aber zugleich einen sehr niedrigen Zins, eine lange Laufzeit und die Chance zusätzlichen Eigenkapitals bringen, wenn die Wandel- und Optionsrechte ausgeübt werden.

- Entscheidend ist im übrigen die richtige Kapitaldimensionierung und Kursfestlegung, wobei ich mich hier nur auf das bisher hauptsächlich genutzte Festpreisverfahren beziehe und nicht auf das in angelsächsischen Ländern bekannte und in jüngerer Zeit mitunter auch bei uns gewählte Bookbuilding. Die Interessen des Emittenten einerseits sowie der Bank bzw. des Bankenkonsortiums und der in Aussicht genommenen Zeichner andererseits sind bei der Bestimmung des Festpreises naturgemäß zumindest auf kurze Sicht gegenläufig. Dabei ist man nach unserer Erfahrung auch noch bis zuletzt in der Ungewißheit und kann den Banken letztlich nur vertrauen, da sie den Kurs möglichst spät und marktnah festlegen wollen und sich zu diesem Zeitpunkt der unter vollem Dampf befindliche Zug ohne Gesichtsverlust kaum mehr aufhalten läßt. Langfristig muß man natürlich einräumen, daß ein überzogener Ausgabepreis sehr ungünstig auch auf den Emittenten zurückschlägt und ihn zumindest unter erheblichen Erwartungs- und Renditedruck setzt. Im übrigen schadet er dem Emissionskredit, den man sich mit und nach der Erstemission erst einmal aufbauen muß.

- Die zum going public gehörende Bereitschaft zur Publizität und Fähigkeit zur öffentlichen Selbstdarstellung, die in traditionsreichen Familienunternehmen nicht immer besonders ausgeprägt sind, muß man entwickeln. Eine gute Öffentlichkeitsarbeit kann nämlich für den Börsenneuling sehr hilfreich sein, da sie seinen Bekanntheitsgrad erhöht, das Standing verbessert sowie die Attraktivität des Unternehmens nach innen und außen steigert. Führungskräfte und Mitarbeiter identifizieren sich lieber mit einem starken und erfolgreichen Unternehmen, über das die Presse berichtet. Der Zeitaufwand für die Erstellung der Geschäfts- und Zwischenberichte, für die Vorbereitung von Pressekonferenzen und Finanzpräsentationen sowie für die Gespräche mit Finanzanalysten, Anlageberatern und Portfolio-Managern ist allerdings nicht zu unterschätzen, und das gilt auch für die erheblichen Kosten der Publizität und Investor Relations. Auch wirft die Publizität oft schwierige Fragen auf, wobei an die entsprechenden Rechnungslegungsvorschriften, Berichtspflichten und die neue Ad-hoc-Publizität erinnert sei. Andererseits ist ohne Zweifel positiv, daß von der Öffentlichkeit der börsennotierten Gesellschaft wie überhaupt von der Strenge des Aktiengesetzes eine starke Disziplinierung ausgeht. Das gilt für die Aktualität und Aussagefähigkeit des Berichtswesens ebenso wie für die klare

Trennung von Eigentum und Führung, die innere Ordnung, die klare Rollenverteilung der Entscheidungskompetenzen und anderes mehr.

- Das Interesse an den kleineren Börsengesellschaften, d.h. an den sogenannten „Nebenwerten“ bzw. an den „Small Caps“ oder „Mid Caps“ mit einer nur kleinen oder mittleren Börsenkapitalisierung, ist in den letzten Jahren gestiegen und ihre über viele Jahre hinweg überdurchschnittliche Kursperformance wurde erkannt, man wird aber berücksichtigen müssen, daß sich institutionelle Anleger hier mitunter wegen der Furcht vor einer gewissen Marktenge und mangelnder Liquidität der betreffenden Titel zurückhalten.

- Als günstig hat sich bei uns der Spezialitätencharakter der Titel erwiesen, d.h. das Kurs-Gewinn-Verhältnis liegt zumindest für unsere deutschen Aktien deutlich über dem Durchschnitt anderer Werte.

- Weniger zweckmäßig war die von uns im Juli/August 1986 in Deutschland vorgenommene gleichzeitige Emission und Plazierung von 2 Aktiengattungen - nämlich Stamm- und Vorzugsaktien - zum gleichen Ausgabekurs, da hier leicht die eine Aktiengattung zugunsten der anderen unter vorübergehenden Druck kommen kann. Wir haben daher bei späteren Emissionen unterschiedliche Kurse gewählt.

- Und schließlich ist es gut, ein genehmigtes und gegebenenfalls bedingtes Kapital zu haben, damit man für eine anstehende Erst- oder Anschlußemission marktnah und schnell handeln kann.

5 Zusammenfassung

Zusammenfassend läßt sich folgendes sagen: Der Gang zur Börse ist gerade für den Familienunternehmer an anspruchsvolle Voraussetzungen geknüpft. Er erfordert erhebliche Zugeständnisse in der Sache und Veränderungen im eigenen Rollenverständnis. Er schafft aber auch einen wesentlich erweiterten, unternehmerischen Handlungsspielraum, um Bestand und Unabhängigkeit zu sichern sowie das Geschäft weiterzuentwickeln und die sich bietenden Chancen zu nutzen. Wer qualitativ oder quantitativ nicht wachsen muß oder will bzw. einen Eigentümerkreis hat, der sich nicht für den außenstehenden Aktionär als Partner des Unternehmens öffnen will, sollte nicht an die Börse gehen, wer aber auf seinen Beschaffungs- oder Absatzmärkten besonderen Herausforderungen gegenübersteht, dem Unternehmen die Chance geben will, diese erfolgreich zu bestehen und dabei heute oder in der überschaubaren Zukunft vor einer Eigenkapitallücke steht bzw. sich auf Veränderungen im Eigentümerkreis vorbereiten muß, der sollte sich auf den Gang zur Börse einstellen und sich dabei durch Mühsal, Kosten und Zweifler nicht beirren lassen.

Die Kunst wird dann nach erfolgreichem „going public" darin bestehen, die unternehmerischen Vorteile des Privat- oder Familienunternehmens dauerhaft auch in der börsennotierten Familien-AG zu bewahren. Der Unternehmer, dem es gelingt, die Unmittelbarkeit seines Engagements und die damit oft zusammenhängenden „Mittelstandstugenden" mit den finanziellen und organisatorischen Vorteilen der dem Anlegerpublikum geöffneten AG nachhaltig zu einem Optimum zu verbinden, hat nicht nur ein gutes Finanzierungsinstrument gefunden, sondern ein sehr leistungsfähiges Unternehmenskonzept.